Roman Litvinov

Viewpoints als Konzept zum nachhaltigen Traceability und Model Management in Enterprise Architecture

GRIN Verlag

Bibliografische Information der Deutschen Nationalbibliothek:

Die Deutsche Bibliothek verzeichnet diese Publikation in der Deutschen National-
bibliografie; detaillierte bibliografische Daten sind im Internet über http://dnb.d-
nb.de/ abrufbar.

Impressum:

Copyright © 2010 GRIN Verlag, Open Publishing GmbH
Druck und Bindung: Books on Demand GmbH, Norderstedt Germany
ISBN: 978-3-640-86994-7

Dieses Buch bei GRIN:

http://www.grin.com/de/e-book/168837/viewpoints-als-konzept-zum-nachhaltigen-
traceability-und-model-management

GRIN - Your knowledge has value

Der GRIN Verlag publiziert seit 1998 wissenschaftliche Arbeiten von Studenten, Hochschullehrern und anderen Akademikern als eBook und gedrucktes Buch. Die Verlagswebsite www.grin.com ist die ideale Plattform zur Veröffentlichung von Hausarbeiten, Abschlussarbeiten, wissenschaftlichen Aufsätzen, Dissertationen und Fachbüchern.

Besuchen Sie uns im Internet:

http://www.grin.com/

http://www.facebook.com/grincom

http://www.twitter.com/grin_com

Inhaltsverzeichnis

Abbildungsverzeichnis

Tabellenverzeichnis

Abkürzungsverzeichnis

ACM	Association for Computing Machinery
ADL	Architecture Description Language
ADM	Architecture Development Method
AOM	analysis object model
API	Application Programming Interface
ARM	Architecture Rationale Method
C4ISR	Command, Control, Communications, Computers, Intelligence, Surveillance und Recconnaissance
CASE	Computer-aided software engineering
CDM	Conceptual Data Model
ConMan	Configuration Management
CORE	COntrolled Requirement Expression
DM2	DODAF Metamodell
DoD	Department of Defense
DODAF	Department of Defense Architecture Framework
DOORS	Dynamic Object Oriented Requirements Systems
DSL	Domain Specific Languages
DXL	DOORS Extension Language
EA	Enterprise Architecture
EAF	Enterprise Architecture Framework
EAI	Architecture Enterprise Framework
EBT	Event-Based Traceability
ERM	Entity Relation Model
FA	funktionellen Anforderunge
FORT	Feature-Oriented Requirement Tracing
GCT	Goal Centric Traceability
HB	Hyper-Text Based Approach
IA	Informationssystemen
IBM	International Business Machine
IR	Information Retrieval
IREQ	inter-requirement traceability
IT	Informationstechnologie
LDM	Logical Data Model
LSI	Latent Semantic Indexing

MOF	Meta Object Facility
OCL	Object Constraint Language
OMG	Object Management Group
OO	Objektorientierte
ID	einzigartiger Identifikator
IEEE	Institute of Electrical und Electronic Engineers
KEF	Kritische Erfolgsfaktoren
NFA	nicht funktionellen Anforderungen
PES	Physical Exchange Specification
PR	Product Requirements
RM-ODP	Reference Model of Open Distributed Processing
RSD	requirement statement document
RTOM	requirements-to-object-model Traceability
SIG	Softgoal Interdependency Graph
SQA	Software Quality Assurance Testing
SR	Software Requirements
TAFIM	Technical Architecture for Information Management
TM	Traceability-Modell
TM	Traceability Matrix
TOGAF	The Open Group Architecture Framework
UCD	use cases documents
UML	Unified Modeling Language
VBRT	Value Based Traceability Technik
VORD	Viewpoint-oriented requirement definition method
VSM	Vector Space Model
VWPI	Viewpoint special language
XML	eXtensible Markup Language
XPath	XML Path Language

1. Einführung

Heutzutage Softwaresysteme werden als kritischer Bestandteil des Unternehmens. Die zentrale Rolle bei der Planung und Implementierung von komplexen Systemen spielt dabei die Verwendung von Viewpoints. Der Begriff „View" wurde im Kontext von Software Architektur von Zachmann in seinem „Zachmann Framework" in 1970 eingeführt.

1.1 Motivation

In der Ära steigender Information ist es unmöglich die Komplexität oder Änderungen von Prozessen oder Anforderungen im Unternehmen ohne Einbeziehung von Enterprise Architecture (EA) aufzunehmen. Die Softwarearchitektur dient als Entwurf für das Projekt von System. Architecture Enterprise Framework (EAI) kann die grundlegende Infrastruktur für die Hardware, Software und Netzwerk beschreiben und wie die zusammenwirken. Dabei gestaltet jedes Anspruchsperson, das in das Projekt involviert ist, seine eigene Aussicht, ob er Design-Entwickler oder End-User. Er fokussiert auf das Problem von seiner Perspektive mittels spezifischen Modellen und Methoden. Viewpoint definiert das ganze Konzept von Software-Entwicklung, die Notation und der technischer Support auf verschiedenes Abstraktionsniveau. Es existiert zurzeit eine Menge von Frameworks, die spezifischer oder standardmäßiger Charakter aufweisen und in Projekt einbezogen werden können. Die Unterschiede und Ähnlichkeiten werden im Rahmen der Arbeit kurz vorgestellt.

Jede Ansicht stellt in Form von Modellen dar. Die Möglichkeiten von Menschen die ganze Komplexität auf einmal umzufassen sind begrenzt. Deshalb ist es sinnvoll das ganzes Konzept durch Abgrenzung auf eine Reihe von den kleinen Views dividieren. Die Modellbildung ist eine von den geprüften und allgemein anerkannten Techniken, die das Verständnis von der Komplexität von System während der Entwicklungsphase erleichtern. Die Einführung von Abstraktionsniveau erlaubt dem Entwickler auf spezielle Aspekte von System zu fokussieren und die Information bezüglich der spezifischen Notation und der Aussichtspunkten von Anspruchspersonen zu übermitteln.

Es kann passieren, dass es notwendig bei der Änderung von Prioritäten oder Zielen des Unternehmens oder wegen der obsoleten Technologie die entsprechenden Anpassungen in Softwaresysteme zu machen. Dabei spielt die Analyse von Veränderungen und Abhängigkeiten zwischen Artefakten, die während des Projektes wie Spezifikationen, Testen, Textbeschreibungen usw., mittels Traceability die zentrale Rolle. Traceability von Software Artefakten wurde als einer der wichtigsten Faktor für die Unterstützung von verschiedenen Aktivitäten in der Software Systementwicklung identifiziert. Im Allgemeinen das Ziel von Traceability ist die Verbesserung von Qualität von Softwaresystem. Im Besonderen Information von Traceability kann die Analyse von auftretenden Auswirkunken und Integration von Veränderungen unterstützen und auch während der Wartung und Evolution des Systems, Aktualisierung von Komponenten, Identifizierung von Alternativen und der Vergleich mit der Anforderungen usw.

1.2 Problem definieren

Seit der Einführung des ersten Konzeptes von Frameworks entstanden eine Reihe von anderen, deren Ziel war es, kontinuierliche Entwicklung des Softwareprojektes zu gewährleisten. Es ist schwierig wegen der Vielfalt von Framework in einzelnen Konzepten zurechtzufinden. Diese Arbeit stellt eine kurze Anweisung dafür bereit, aus welchen Viewpoints jedes einzelne Framework besteht. Außerdem bei der Umgestaltung des Systems, bei der veralteten Technologie ist es nötig, die entsprechenden Anpassungen durchzuführen. Dabei verliert Designer den Überblick über die Relationen und Abhängigkeiten zwischen den Artefakten, wenn das Konzept von Software Engineering nicht hinreichend dokumentiert wurde. An dieser Stelle scheint die Anwendung von Traceability als eine von wichtigsten Faktoren für die Unterstützung von verschiedenen Aktivitäten in der Software Systementwicklung.

1.3 Relevanz des Themas

Es ist klar, dass die Modelle die Kommunikation und das Verständnis des ganzes Konzeptes des Unternehmens erleichtern und machen es möglich, alle Geschäftsprozesse und Abhängigkeiten auf verschiedene Abstraktionsniveau zu dokumentieren.

Die Aufgabe von komplexen Softwaresystemen besteht in der Verfolgung von vorgenommen Veränderungen, um ihren Wert für das Unternehmen beizubehalten. Die Entscheidung hinsichtlich Designs sollten unter unklaren Bedingungen treffen, weil die Konsequenzen von verschiedenen Alternativen nicht genau festgelegt können. An dieser Stelle Traceability hilft die richtige Entscheidungen zu treffen, das Risiko von Inkonsistenzen zu minimieren, und Analyse bei der Auswirkungen von Veränderungen durchzuführen trotz der Meinung, dass es mit der Verschwendung von Zeit und Kostenaufwänden verbunden ist.

1.4 Ziel der Arbeit

Die Hauptidee dieser Arbeit enthält die Identifikation von Differenzen und Ähnlichkeiten zwischen einigen Frameworks. Es gehört auch dazu, welche Modellierungsmethoden und -sprachen an jedem View vorhanden sind und wie die zusammen agieren. Dann wird über die Methodologie und Formen von Traceability und warum ist es wichtig von Anfang des Projektes es einzuführen.

1.5 Organisation der These

Diese Arbeit wird im Folgenden strukturiert:

- Kapitel 2 beschreibt der theoretische Teil der Arbeit: grundlegende Begriffe und Konzepte, die in der These verwendet werden, um den Rest von der Studie zu verstehen.
- Kapitel 3 gibt den Ausblick über vorhandene Arten und Klassifikationen von Viewpoints in EA. Darüber hinaus werden Frameworks DO-DAF, RM-ODP usw. und Differenzen in der Auswahl von Viewpoints in diesen Konzepten des näheren betrachtet. Das Potenzial der Zahl existierender zurzeit Framework wird damit nicht ausgeschöpft. Des Weiteren werden Kriterien für die Wahl von passenden Viewpoints kurz vorgestellt. Es wird darüber diskutiert, welche Abstraktionsmethoden und Modellierungssprachen für die einzelne View ausgewählt werden können.
- Kapitel 4 beschäftigt sich mit solchen Methode als Traceability im Kontext von Softwareentwicklung. Warum ist es wichtig es von Anfang des Projektes einzuführen und welcher Nutzen daraus herausziehen kann? Es wird danach konzeptuelles Traceability-Modell vermittelt. Es folgenden Traceability-Methodologie und Techniken. Es stellt sich damit die Frage, ob es überhaupt möglich und mit welchem Toolsupport den Prozess von Traceability automatisch zu machen.
- Kapitel 5 gibt das kurze Beispiel mit welchen Methoden es in einem Unternehmen Traceability auf allen Abstraktionsniveau verwirklichen kann.
- In Kapitel 6 wird Case Study über die Integration von Tools vorgestellt, um die komplette Traceability auf allen Viewpoints durchzuführen.
- Danach folgt kurze Diskussion über ausgearbeitete Studie und alle wichtigen Aspekte werden zusammengefasst.

2. Theoretischer Background

Während der Softwareentwicklung es ist zu beachten auf eine Vielzahl von Aspekten sowie welche Modellierungssprachen verwendet werden, welche Hardware müssen konfiguriert werden, mit welchen anderen Systemen es agiert. Die Modellierung von allen diesen Aspekten durch einzelne Modelle ergibt ein komplexes Modell, das kaum nützlich ist. Eine bessere Herangehensweise besteht darin, das ganze System in einzelne Module zu dividieren unter der Benutzung von Abstraktionskriterien. Als Beispiel für solche Art von Abstraktion ist Viewpoints. Mit der Nutzung von diesen Abstraktionskriterien ist möglich, von allen irrelevanten Aspekten zu abstrahieren und eine Reihe von zusammenhängenden Aspekten herauszuheben, was macht das Verständnis von der Komplexität leichter und verbessert die Flexibilität von diesen Modellen.

Bevor wir dem Konzept von Frameworks und der Zielen von Viewpoints näherkommen, werden im Weiteren die grundlegenden Begriffe genau festgelegt. In diesem Teil der Arbeit werden die grundlegenden Begriffe definiert, die mit ausgewählter Thematik verbunden sind.

2.1 Viewpoints in Enterprise Architecture

Der Begriff EA ist nicht immer deutlich festzusetzen. In den meisten Fällen fokussiert er auf Geschäftsprozesse und Softwareentwicklung. Im Allgemeinen EA kann beschrieben werden als der Prozess der Entwicklung eines Unternehmens, wo die einzelnen Objekte stark bezogen untereinander einschließlich materielle und immaterielle Dinge wie Informationen oder Projektziele.

EA ist eine vereinfachte Repräsentation von den grundlegenden Struktur und Organisation von Unternehmen. Sie ist ein Plan, der die Grundzüge und Charakteristik und Struktur einer Organisation beschreibt. Es wurde von Institute of Electrical und Electronic Engineers (IEEE) so genannte "Recommended Practice for Architectural Description of Software-Intensive Systems" eingeführt.[1] Der Standard schließt die Definitionen als Architekt, Interessengruppen, Architektur, View und Viewpoints von Architektur ein. Die Richtlinie definiert die folgende Schlüsselbegriffe als:
- System ist die Zusammenstellung von Komponenten, das die spezifische Funktionen oder eine Reihe von Funktionen ausführt.

---

[1] Vgl. *IEEE 1471 (2000):* IEEE Recommended practice for architectural description of software-intensive systems – Description.

- Architektur ist die fundamentale Organisation von System mit ihren Komponenten, ihren Beziehungen zueinander und zu der Umgebung sowie eine Liste von Prinzipen, die den Entwurf und die Entwicklung von System bestimmen.
- View ist eine Darstellung des gesamten Systems aus der Perspektive der Anspruchsperson. Darüber hinaus ist View aus mehreren Modellen zusammengestellt. In diesem Zusammenhang kann Viewpoint als Standard oder eine Vorlage für die Entwicklung von View sein.

The Open Group (2003) gibt die nächste Definition:
- EA setzt sich aus verschiedenen Elementen und deren Beziehungen in allen Bereichen EA wie Business, Daten, Applikationen und Technologie zusammen.[2]

Zachmann bezeichnet EA als:
- Eine Reihe von zusammenhängenden Artefakten, deren Ziel ist es, das ganze System oder Unternehmen zu beschreiben betreffend seiner Konsturktion, Wartung und der weiteren Entwicklung.

Aus den vorangegangenen Begriffen in unserem Kontext man folgt, dass EA eine Struktur und Beziehungen der vorhandenen Komponenten von verschiedenen Perspektiven einschließt.

Diese Richtlinie gibt auch die Definition von EA als die Zusammensetzung von Viewpoints jeder einzelnen Interessengruppe, die in das Projekt involviert ist. Jedes Viewpoint ist mit View verbunden. A View ist eine Darstellung von dem ganzen System aus der Perspektive von stakeholder auf den einzelnen Aspekt. Diese Methode benutzt man in mehreren Frameworks als Zachmann, RM-ODP, TOGAF usw. Als Beispiel das System kann nicht nur von der Sicht von Design, Implementierung sondern von der Stand einzelnen Personen oder involvierten Systemen beschrieben werden. Diese Methode ist insbesondere effektiv wo gibt es eine Menge von Artefakten und Beziehungen zwischen denen. Aus diesen Begriffen folgt, dass die Aufgabe von Viewpoint sich mit der Komplexität des Systems bewältigen.

Laut Garland, Views von Architektur stellen die Darstellung von der Architektur, die für Konstruktion, Untersuchung, Leitung, Training von Personal, Testen und Ausführung anderen technischen Zielen, bezogen auf Erstellung, Instandhaltung und Entwicklung von System.[3] Die Notwendigkeit von Verwendung von View bedingt durch:

---

[2] *The Open Group (2009):* TOGAF Version 9. The Open Group architecture framework. http://www.opengroup.org. Abruf am 2010-05-05.
[3] Vgl.*Garland, J.; Anthony R.:*Large-Scale Software Architecture, John Willey&Sons Ltd.,Chichester 2003, S.2.

- Die Dokumentation von Anfang des Projektes und nachhaltige Verbes-serung der Entwicklung.
- Gewährleistung von Beachtung aller Beschränkungen und der Spezifität des Projektes.
- Tracking über durchlaufenden Änderungen und Einführungen neuer Ar-tefakten.
- Unterstützung von Kommunikation in allen Phasen des Projektes usw.

2.2 Modellmanagement in Viewpoints

Ein Modell Abb.1. ist eine Darstellung eines Teils der realen Welt durch eine bestimmte Repräsentation (z.B. textuelle Beschreibung, Diagrammen usw.) [4]

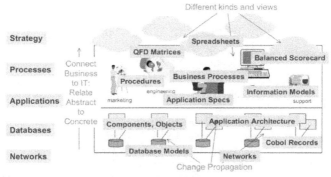

Abb.1.: Niveau und Arten von Views

Auf diese Weise bezeichnet das Modell alle relevanten Aspekte des Systems. Andersrum gesagt, es vereinfacht, vernachlässigt und abstrahiert Irrelevantes. In Software Entwicklung kann als Bsp. dafür UML-Modell verwendet werden. Zu den Aufgaben von Modellmanagement gehören u.a.:

- Verwaltung von der Modelle:
    - Das Schaffung von Repositories
    - Aufbau von Bibliotheken
    - Klassifikation von (Teil-) Modellen und Modellelementen
    - Überwachung neuer Modelle und Spezifikationen
- Modellqualität & Modellintegration
    - Bewertung von Modellen
    - Gewährleistung von Konsistenz zwischen Modellen

---

[4] Vgl. *Desmond, D.*: Model-Driven Architecture and Integration. Opportunities and Chal-lenges. www.catalysis.org/publications/papers/2001-mda-reqs-desmond-6.pdf. Abruf am 2010-05-12.

- Modelltransformation oder so genannte mappings
  - Umwandlung eines Modells in ein anderes (z. B. Code-Erstellung)

Modellmanagement fasst somit alle Modellelemente durch Strukturierung durch Pakete und gewährleistet besseres Verständnis durch Analyse von Systemausschnitten und Teilsystemen. Modell-Management dient auch dazu, eine mächtige Entwicklungsumgebung zur Verfügung zu stellen in solchen Gebieten, wie Datenintegration, Software-Engineering oder Netzwerk-Modellierung. Aber die grundlegende Idee hinter Modell-Management is es, eine Reihe von Konstrukten zur Änderung von Modellen und Transformation bereitzustellen. Es wird dadurch eine Minderung von Entwicklungsaufwand gewährleitet. Als Beispiel dafür sind solche Konstrukts wie match, merge, compose, extract usw.

2.3 Traceability in Enterprise Architecture

Der Begriff Traceability wurde im Kontext von Requirements Traceability in den 1970er Jahren eingeführt, um die Abweichungen zwischen des tatsächlichen Softwareverhalten und den Kundenforderungen zu vermeiden. Software Traceability ist ein entscheidender kritischer Erfolgsfaktor von der Softwareentwicklung. Während der Evolution des Projektes tauchen eine Menge von Produkten, Artefakten und die Relationen zwischen denen auf. Eine von Aufgaben von Traceability besteht in der Überwachung von der Änderung der Beziehungen zwischen diesen Artefakten und der Dokumentation aller einbezogenen Spezifikationen. IEEE(1994) bezeichnete Traceability als:

- Die Möglichkeit von Software das bestimmte Grad der Beziehungen zwischen Artefakten bereitzustellen, insbesondere für die Komponenten, die Beziehungen als Vorgänger-Nachfolger oder Haupt-Untergeordnet haben.

Ramesh und Jarke definieren der Begriff wie:

- Die Charakteristik von einem System, in dem die Anforderungen eindeutig mit ihren Quellen und den Artefakten, die während der Entwicklung von System erstellt wurden, verbunden sind. Als Beispiel, das Lastenheft kann Business Anforderung, Benutzeranfrage, Regeln, Spezifikation zu den Schnittstellen, Standards zu anderen Quellen einschließen.[5]

In den Projekt werden Vielzahl von Interessengruppen involviert, sowie Sponsoren, Projektmanager, Analysten, Designers, Programmierer und End-User. Die Aufgabe von Traceability besteht in der Unterstützung der verschiedenen

---

[5]Vgl. *Ramesh, B.; Jarke, M.*: Towards reference models for requirements traceability. In: IEEE Transactions on Software Engineering, Vol.27, No.1 2001, S. 58.

Interessen, Prioritäten und Zielen. Viele Probleme und Schwierigkeiten im Ausführen von Traceability liegen insbesondere in diesem Aspekt.[6]

Gotel und Finkestein bezeichneten die Definition als:

- Die Fähigkeit, um eine Anforderung in beiden Richtungen, vorwärts und rückwärts, zu beschreiben und verfolgen, über ihre Entwicklung und Spezifikation zu ihrer anschließenden Entwicklung und Einsatz und über kontinuierliche Verbesserung in jede Phase von Lebenszyklus.[7]

Edwards und Howell geben die Definition als:

- Traceability garantiert die Unterstützung von Beziehungen zwischen der Anforderungsspezifikation, Design und der endgültigen Implementierung.[8]

Laut Spanoudakis und Zisman Traceability ist die Fähigkeit die entstandenen während der Entwicklung des Systems Artefakten zu verfolgen, um das gesamte System von verschiedenen Perspektiven und Niveaus von Abstraktion zu allen Interessengruppen zu beschreiben.[9]

In anderer Interpretation Wrigt schreibt, dass mittels requirements traceability Softwareentwickler kann die Anforderungen von Kunden nachprüfen und ob das System ganz die Anforderungen erfüllt oder ob es keine unnötige Bestandteile oder Funktionalitäten in System vorhanden sind.[10]

Der Nutzen von der Verwendung von Software Traceability (ST) liegt in der besseren Nachprüfung und Validierung der Kundenanforderung, niedrigeren Wartungskosten und besserer Einschätzung von der Softwarequalität. Außerdem es unterstützt die folgenden Aktivitäten als das Verständnis des Systems, Analyse von Auswirkungen, Fehlerbehebung und Kommunikation zwischen Entwickler und Kunden.

Trotz aller Vorteile ist es nicht so leicht eine vollständige Nachprüfung durch alle Phasen der Softwareentwicklung durchzuführen.[11] Der Zusammenfluss der einzelnen Faktoren durch die Verteilung zwischen verschiedenen Gruppen, die

---

[6] Vgl. *Ramesh, B.; Edwards M.*: Issues in the development of a requirements traceability model. In: Proceeding of the International Conference on Requirements Engineering (1993),S. 256.
[7] Vgl. *Gotel, O.; Finkelstein, A.*: An Analysis of the requirements traceability problem. In: Proceedings of the First International Conference on requirements engineering (1994), S. 94.
[8] Vgl. *Edwards, M.; Howell, S.*: A methodology for systems requirements specification and traceability for large real-time complex systems (1991), S. 3-7.
[9] Vgl. *Spanoudakis, G.; Zisman, A.*: Software Traceability: A Roadmap Advances in Software Engineering and Knowledge Engineering, Chang S.K., 3 Aufl., Word Scientific Publishing 2005, S. 395.
[10] Vgl. *Wright, S.*: Requirements Traceability –What? Why? And How? In: IEE Colloqium, Computing and Control Division, Digest Number 1991/180, December 2, S. 1.
[11] Vgl. *Asuncion, H.; Taylor, R.*: Establishing the Connection between Software Traceability and Data Provenance. In: ISR Technical Report#UCI-ISR-07-09, S. 5.

Heterogenität von Artefakten und verwendeten Tool, die schnelle Änderung der Eigenschaften von Komponenten stellt die große Herausforderung für Traceability Management. Die Artefakte sind durch die unterschiedlichen Gruppen verteilt und deswegen schwerzugänglich sind. Wegen der Heterogenität es ist schwer, durch mehrere Formate und Abstraktionsniveau Traceability durchzuführen. Mangelnde Interoperabilität von Toolsupport macht es schwierig die Repräsentation von Linken darzustellen. Da Beziehungen zwischen Komponenten sich ständig ändern, werden sie schnell obsolet. Dies alles trägt zu den hohen Kosten für die Unterstützung von Traceability bei. Zuletzt ist es der Mangel vom angemessenen Toolsupport für die Ermittlung und Aufrechterhaltung der Abhängigkeiten zwischen Prozess Design und Implementierung.

3. Klassifikation und Standard von Viewpoints in Enterprise Architecture

3.1 Klassifikationen von Viewpoints

Software System besteht aus einer Reihe von komplexen Teilen. Laut Leite es besteht aus Managerial, Organisazional und Computional Aspekten und setzt eine Vielzahl von verschiedenen Ressourcen (Menschen, Software, Hardware, Spezifikationen usw.) in Abb.2. ein.[12] Nächste Klassifikation basiert auf der Forschung von Leite.[13] In seiner Recherche der Autor klassifizierte der Einsatz von Viewpoints in drei orthogonale Richtungen, Viewpoints als eine Stellungnahme, Services und Spezifikation. Viewpoint als Services stellt als ein wichtiger Ausgangspunkt für die Erhebung von Daten und die Modellierung von Kundenanforderung dar. Viewpoint als Spezifikation zeigt, dass die Integration unter heterogenen Teilen in komplexen Systemen eine wesentliche Herausforderung sein kann.

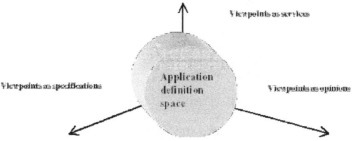

Abb.2.: Klassifikation von Viewpoints laut Leite

Viewpoint als eine Stellungsnahme:

Die Software Engineering umfasst eine Menge von Akteure, die in das Projekt involviert sind. Sie haben eigene Sicht auf das System. Aber diese Perspektive sind nur zum Teil komplett oder hat unvollständige Beschreibung des ganzen Systems. Von daher die Integration von verschiedenen Sichten kann zum Verständnis des ganzen Konzeptes beitragen. Die Methodik vergleicht verschiedene Sichten von einer Ausgangssituation und teilweise unterstützt den Verhand-

---

[12] Vgl. *Leite, J.C.S.D et al.*: The world's a stage: a survey on requirements engineering using a real-case study, S. 17.
[13] Vgl. *Leite, J.C.S.D. et al*: Viewpoints on Viewpoints, Joint Proceedings of the SIGSOFT'96 Workshops, The Association for Computing Machinery (ACM) 1996, S. 285.

lungsprozess, um verschiedene Meinungen in Einklang zu bringen. Es existiert eine Menge von Vorteilen in dieser frühen Phase von Projektplanung. Es können die möglichen Streitfragen während des Entwicklungsprozesses behandelt werden, eine von denen die Validierung bei der Kreation von Anforderungskatalog. Konfliktinteressen können früher in der Entwicklung identifiziert werden.

Viewpoint als Services:

Eine von den Aufgaben von Softwaresystem besteht darin, automatische Unterstützung zur Erfüllung der Ziele, wo es früher den Prozess manuell ausgeführt war. Als Beispiel dafür führt Leite das Prinzip von Ambulanz an. Es betrachtet in der Studie von Kotonya und Sommerville die Method von „Viewpoint-oriented requirement definition method" (VORD), wo es die Service zur potentiellen Benutzergruppe in Abb.3. behandelt werden.[14] In diesem Konzept die Entwicklung von System schließt ins Projekt alle Interessengruppen mit verschiedenen Sichten. Die Methode stellt explizit die Identifikation von allen relevanten Entitäten bereit und gibt eine Reihe von Viewpoint-Klassen. Dadurch setzt es eine Menge von Entscheidungsregeln voraus, um den Prozess des Customizing von Viewpoint zu einem bestimmten System durchzuführen. Gemäß der Methode VORD kann zu weitem Spektrum angewendet werden, von der textuellen Beschreibungen zu der formalen Sprache. Die Hauptidee liegt in der Verbesserung von Kommunikation zwischen den Benutzer und Softwareentwickler. Laut der Autoren basiert die Diskussion nämlich auf drei iterativen Aspekten:

- Strukturierung und Identifikation von Viewpoint.
- Dokumentation von Viewpoint.
- Erstellung von Spezifikation und Anforderungsanalyse.

Die Abbildung zeigt die Reihenfolge vom Prozess. Der erste Schritt beginnt mit der Identifizierung von relevanten Viewpoints im Bereich vom Problembereich, der analysiert werden sollte, und der seinerseits mit seiner Strukturierung ist verbunden. Der Ausgangspunkt für die Identifizierung von Viewpoints ist die abstrakte Stellungnahme von dem organisatorischen Bedarf und das Abstract von verwendeten Viewpoint-Klassen. Der zweite Schritt fokussiert auf das Problem von Dokumentation. Viewpoints-Dokumentation besteht aus der Name von Viewpoint, Anforderung, Beschränkungen zu Anforderungen und zu den Quellen. Zu der Viewpoint-Anforderung gehören unter anderem eine Reihe von Services, Kontrollmechanismen und nicht funktionale Anforderungen. Dritter Schritt befasst sich mit der Spezifikation von funktionalen und

---

[14] Vgl. *Kotonya, G.;Sommerville, I.*: Requirements Engineering with Viewpoints, Technical Report CSEG/10/1995, CSEG Computing Department, University of Lancaster, S. 7.

nicht funktionalen Anforderungen in der angemessenen Form. Die entsprechende Notation variiert von der natürlichen Sprache bis formale und strukturierte Notation.

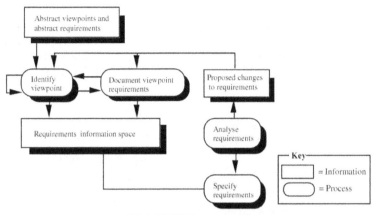

Abb.3.: VORD-Prozessmodell

Viewpoints und seine Anforderungen werden in das zentrale Repository. Es dient als Input zu den Anforderungs- und Bedarfsanalyse. Die Zielvorgabe von Prozessanalyse ist eine Grundlage für die Korrektheit von der Dokumentation zu schaffen und mögliche Konflikte von Anforderung zwischen allen Viewpoints aufzudecken.

Die aufgeführte Methodik fokussiert auf die Unternehmens- und Organisationsaspekte. Laut Kotonya und Sommerville die Prozesse von Softwareentwicklung konzentrieren sich vielmehr auf Benutzerprobleme als die organisatorischen Aspekte, was zu der unvollständigen Softwareanforderung führt. Um das entstandene Problem zu lösen, es wurde von ihnen der Begriff „indirekte Viewpoints" eingeführt, die mit organisatorischen, bezogenen auf Services, Aspekten integrieren, aber nicht unmittelbar mit ihnen interagiert.

Viewpoint als Spezifikation:

Software Engineering fordert die exakte Zusammenarbeit von verschiedenen Komponenten als Software, Hardware, Mapping von Software, Kommunikationsschnittstelle usw. Somit die Spezifikation soll angemessen diese Menge, die aus verschiedenen Fragmenten besteht, unterstützen. Im Ergebnis die endgültige Spezifikation soll alle Vielfalt von Methoden umfassen. Das Problem von Softwareentwicklung steigt immer bei der Vergrößerung von der Komplexität auf. Die Notation wird in verschiedenen Anforderungssprachen und an individuelle Stufe repräsentiert. Viele von Methoden werden nachher überprüft. In diesem Zusammenhang scheint die Arbeit von Nuseibeh et al. in Abb.4. sehr interessant zu sein.[15] In seiner Studie wurde die Integration von heterogenen Komponenten diskutiert. Es wurde ein Framework entwickelt, das partiell representation knowledge, development process knowledge und specification knowledge einkapselt. An dieser Stelle soll Framework diese Fragmente, präsentiert als Viewpoint, zu der eindeutigen Spezifikation integrieren. Es kann der Durchführung, Organisation von Softwareentwicklung helfen, um spezifisches Template zur Speicherung von verschiedenen Viewpoints anzubieten.

Laut der Autoren die starke Seite von Framework ist die Fähigkeit verschiedene Komponente zu integrieren. Es kann die Relation zwischen Fragmenten von

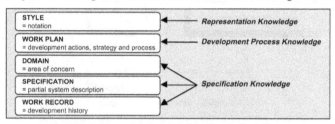

Abb.4.: Viewpoints template laut Nuseibeh et al.

Spezifikationen darstellen und nachprüfen, die mittels mehreren Methoden und Notationen erstellt wurden. Nuseibeh sieht den positiven Aspekt bei der Einführung von diesem Framework in dem, dass die Repräsentation, Entwicklung und Spezifikation in jedem von View eingekapselt sind. Dies erleichtert sowie das lokale Management als auch die Distribution von Komponenten. Der weitere Vorteil besteht darin, dass die Komponenten von System in verschiedenen Entwicklungsphasen eingesetzt werden können.

Sommerville identifiziert Viewpoint-orientierte Analysis als die Methode für die Betrachtung von System bei mehreren Perspektiven. Es garantiert das frühere Entdecken von Konflikten zwischen verschiedenen Interessenbeteiligten.[16] Viewpoints können als eine Herangehensweise für Klassifikation von stakeholders und anderen Quellen von der Softwareanforderung sein. Sommerville gliedert Viewpoints auf drei generische Typen:

---

[15] Vgl. *Nuseibeh, B. et al*: A framework for expressing the relationships between multiple views in requirements specifications, IEEE Transactions on Software Engineering, 20(10) 1994, S. 760.
[16] Vgl. *Sommerville, I.*: Software Engineering, 8. Aufl., Addison-Wesley Publishers Limited 2007, S. 175.

- Interagierte Akteure stellen eine Gruppe von Menschen oder andere Systemen dar, die indirekt mit dem System interagieren. In dem einfachen Banksystem es kann z.b. eine Interaktion von einem Kunden mit der Datenbank des Bankkontos.

- Indirekte Viewpoints präsentieren stakeholder, wer benutzt das System nicht direkt, aber er beeinflusst ebenfalls die Systemanforderung. Als Beispiel dafür können das Bankmanagement und der Sicherheitsdienst.

- Domain viewpoints präsentieren Charakteristik von Domain und Beschränkungen, die auf die Softwareanforderung einwirken. Im Banksystem es könnte als Bsp. ein Standard für die Kommunikation unter Banken sein.

Typescherweise diese Viewpoints garantieren die Differenz von Anforderungstypen. Interagierte Viewpoints stellen die detaillierte Systemanforderung für die Eigenschaften von System und seine Schnittstelle dar. Indirekte Viewpoints dienen eher zur Ermittlung von organisationaler Anforderungen und Beschränkungen auf höheren der Ebene. Und Domain Viewpoints gewährleisten Domain Beschränkungen des Systems.

Laut Sommerville es ist schwer von Anfang an alle relevanten für das System Viewpoints zu identifizieren. Um diesen Prozess zu erleichtern, ist mehr spezifische Viewpoints-Typen zu definieren:

- Anbieter von Services für das System und Empfänger von Services.
- Systemen, die mittels Schnittstellen zu System, interagiert werden müssen.
- Regeln und Standards für das System.
- Andere Quellen von sowohl geschäftliche als auch nichtfunktionale Systemanforderungen
- Technische Viewpoints bezeichnen die Anforderungen von Menschen, die das System entwickeln, verwalten und instandhalten müssen.
- Marketing und andere Viewpoints, die Produktanforderungen und seine Eigenschaften entwickeln und auf welche Weise das System soll externes Image von der Organisation wiederspiegeln.

Fast alle Softwaresysteme interagieren mit anderen Systemen der Organisation. Aus diesem Grund bei der Planung der neuen Systems müssen weitere Interaktionen entworfen werden. Die Schnittstellen von anderen Systemen bei der Definition von Viewpoints sind auch zu bestimmen, weil es die Konfiguration des neuen Systems beeinflussen könnte. Andererseits die neuen Systeme sollen den existierenden Regeln und Standards anpassen und dies seinerseits beschränkt die Softwareanforderung.

Um das richtige Viewpoint auszuwählen, es wurde von Steen et al. die Definition und Klassifikation von Viewpoints durchgeführt. Dafür wurden zwei Dimensionen in Framework ausgewählt, das Ziel und der Inhalt in Abb.5.[17] Die folgenden Typen von der Softwarearchitektur definieren diese Dimensionen:

- Designing: Design-Viewpoint unterstützt Designer und Architekten in der Entwicklung von Prozessdesign vom ersten Entwurf bis zu detailliertes Design. Typischerweise Design-Viewpoint setzt sich aus Diagrammen wie z.b. UML zusammen.
- Deciding: Es unterstützt Manager im Prozess von Entscheidung wie bei dem Entwurf oder bei der Erstellung von Modellen mittels analytischen Techniken. Als Bsp. dafür sind Querverweise-Tabelle, Listen oder Berichten.
- Informing: die Methode hilft allen Beteiligten das Konzept von Softwarearchitektur zu verstehen. Bsp. dafür sind Illustrationen, Animationen, Flyer.

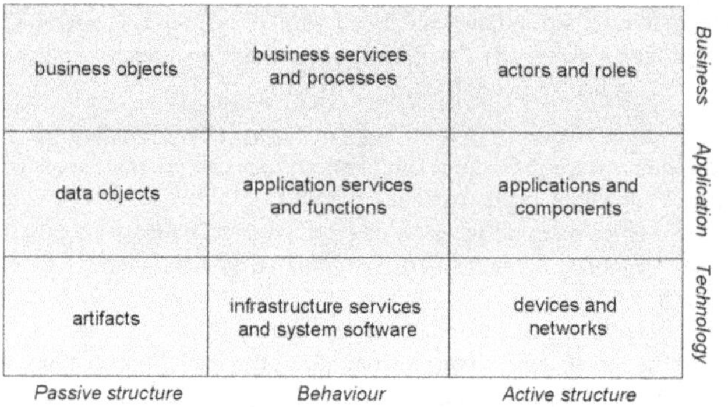

business objects	business services and processes	actors and roles	Business
data objects	application services and functions	applications and components	Application
artifacts	infrastructure services and system software	devices and networks	Technology
Passive structure	Behaviour	Active structure	

Abb.5.: Elemente von Enterprise Architecture

Das Ziel von dieser Klassifikation laut Steen ist es, den Entwicklern und anderen Beteiligten bei der Suche nach einem passenden Viewpoint zu unterstützen. Mit dem aufgeführten Framework ist es möglich, ein typisches Viewpoint zu finden.

3.2 Konzeptueller Standard von IEEE 1471-2000

In 2000 the IEEE Computer Society etablierte Standard 1471-2000. Er stellt als eine solide theoretische Grundlage für die Definition, Analyse und Beschreibung der Architektur von Softwaresystemen, View, Viewpoints, Architekturmodell, Kommunikation und den Vergleich von verschiedenen Architekturen.

---

[17] Vgl. *Steen, et al.*: Supporting Viewpoint-Oriented Enterprise Architecture. Proc. 8th IEEE International Enterprise Distributed Object Computing Conference (EDOC'04), Monterey,California, September, S. 20.

Der Standard fokussiert hauptsächlich auf softwareintensive Systeme wie z.B. Informationssystem, so genannte „embedded systems" und gemischte aus mehreren Komponenten bestehende Systeme. In seinem Konzept Standard IEEE 1471 standardisiert nicht den ganzen Prozess von der Softwareentwicklung und deswegen normiert nicht Modellierungssprachen, Methodologie oder Standards. Stattdessen stellt der Standard als „recommende practice" mit einer Reihe von Konzepten und Vorgaben bereit.

In IEEE 1471 Views nehmen die zentrale Stelle in der Dokumentation von Softwarearchitektur. Die Architektur schließt ein oder mehrere Views in Abb.6. ein.[18] In diesem Framework konzentriert der Schwerpunkt auf View oder Viewpoints. Viewpoints sind mit den spezifischen Interessen aller Beteiligten im System verbunden und bestehen aus den nächsten Komponenten:

- Das System hat eine Architektur.
- Eine Architektur kann bei einer oder mehreren Architekturbeschreibungen definiert werden.
- Dazu gehören eine in den Projekt involvierten Gruppe von Menschen, View, Viewpoints, Modellen und Meinungen.
- Eine Anspruchsperson hat ein oder mehreren Meinung.
- Eine Meinung hat die Relation zu einem oder mehreren Anspruchspersonen.
- Ein Viewpoint umfasst eine oder mehrere Meinungen und Anspruchspersonen.
- Ein View gehört zu einem Viewpoint.
- Ein Viewpoint definiert die Methode für das Modell.
- Ein View hat ein oder mehrere Modelle und ein Modell ist ein Teil von einem oder mehreren Views.

IEEE 1471 stellt eine Reihe von relevanten Viewpoints von Softwarearchitektur mit ihren Spezifikationen als Meinungen, Modellierungssprachen, Modellen und Analysemethoden.

Obwohl IEEE Standard nicht ideal ist, stellt er die konsequente Vorgehensweise für die Einführung von EA. Er beantwortet auch die Frage, auf welche Weise kann man die meisten Probleme bei der Entwicklung von Software vermeiden.

---

[18] Vgl. *IEEE Std 1471-2000:* IEEE Recommended Practice for Architectural Description of Software-Intensive Systems-Description, S. 8.

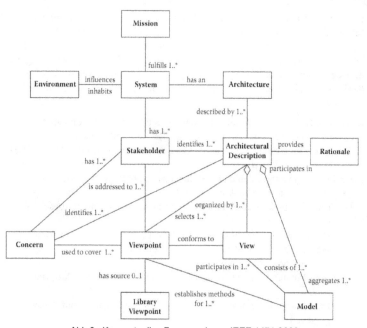

Abb.6.: Konzeptuelles Framework von IEEE 1471-2000

IEEE 1471 unterscheidet die nächsten Viewpoints:

- Business Architecture View. Hier werden die Stellungnahmen von Anspruchspersonen und den Ablauf von Business Informationen zwischen allen im Projekt beteiligten Personen und Business Prozessen betrachtet.

- Data Architecture View. An dieser Stelle steigt die Bedeutung von Datenbanken der Entwicklern, Designer, die für die Weiterentwicklung und Integration von verschiedenen Systemkomponenten relevant sind.

- Applications Architecture View reguliert das Verhalten von Softwareentwickler und deren Person, die für die Entwicklung und Integration der Applikationen von verschiedenen Softwarekomponenten verantwortlich sind.

- Technology Architecture View ist für die Systemadministratoren und Systemmanager, die für die Komposition von Soft- und Hardware im System verantwortlich sind.

4 Enterprise Architecture Frameworks

Die Softwarearchitektur spielt die wesentliche Rolle in der Entwicklung von Enterprise Architecture Framework (EAF). Dazu gehören unter anderem die Anforderungsanalyse, Softwaredesign, Entwicklung und Hardwarekonfiguration. Die Aufgabe von Architektur in diesem Zusammenhang besteht in der systematischen Analyse und Design, um ein einheitliches Konzept für die Entwicklung von Informationssystemen (IA) bereitzustellen. EAF bieten dafür das Verständnis für die kontinuierliche Herangehensweise von IA und stellt das konzeptuelle Instrument für die Entwicklung von EA bereit. Frameworks stellen Design von Prototyp dar, die auf allgemeine Vorgehensweise und Best Practices basieren. EAF ist nicht nur die Architektur, sondern das Konzept von Modellen, Prinzipen, Services, Methoden, Standards, Design-Konzept, Komponenten und Konfigurationen, die als Richtlinie für die Entwicklung von spezifischen Aspekten von System sind.

Es wurde eine Vielzahl von Framework eingeführt. Einige von denen sind für die interne Nutzung für die Realisierung spezifischer Zielen geeignet und andere werden für die Etablierung von Standards eingesetzt. Die Mehrheit wurde für die spezielle Domain (kritische Einsatzgebiete oder IT der großen Organisationen) entwickelt.[19] Der Fokus der anderen hängt von der Art von Information (Typen von Modellen oder Daten) ab, die für die Dokumentation von Architektur notwendig sind. Andere sind strategisch orientiert oder basieren auf Referenzmodellen und Standardtechnologie. Die Aufgabe von EAF liegt unter anderem in der Identifizierung von existierenden Artefakten in der Organisation wie strategische Ziele, Normen, Standards.[20] Im Unternehmen gibt es explizit bereit existierende Prinzipen und Strategien. EAF unterstützt dabei bei der Abbildung expliziter und impliziter Architektur. Zu den Vorteilen von EAF im Kontext von der Einführung von Viewpoints gehören die nächsten als:

- Sie geben den einheitlichen Überblick und das Verständnis von der Organisation (Akteure, Rollen, Regeln, Ziele, Vorgänge usw.)
- Optimierung von Geschäftsprozessen während der Strukturierung.

---

[19] Vgl. *Scheckerman, J.*: How to survive in the jungle of Enterprise Architecture Frameworks, Trafford, 6 Aufl. 2004, S. 86.
[20] Vgl. *Van den Berg, M.; Steenbergen, M.*: Building an Enterprise Architecture Practice. Tool, Tips, Best Practices, Springer 2006, S. 48.

- Beseitigung von Duplikaten und bessere Unterstützung bei der Entscheidung
- Überführung von strategischen Zielen zur endgültigen Implementierung.[21]

Der Kernpunkt der Einführung von Framework-Konzept ist das Bestreben alle Fachkenntnissen und Potentialen von Unternehmen wie Informationstechnologie (IT) (Datenbank-Technologie, Kommunikation-Technologie) oder organisatorische Aufgaben (Business Process Reengineering und Workflow Redesign) zusammenzufassen. Es ist zu beachten, dass IS mehr als eine traditionelle Technologie (z.b. Middleware für Datenbanken), Standard für die Benutzeroberfläche usw. Der Prozess der Integration ist mit höheren Kosten und menschlichen Ressourcen verbunden. Der Vorteil von IS ist dabei eine Verbesserung von Verfügbarkeit der Information und Einrichtung von einheitlichen Standards im Unternehmen. Der Begriff Framework ist hier als die Voraussetzung, Konzept, Best Practices angesehen.

4.1 Viewpoint in Frameworks

EAF benutzen im Allgemeinen Viewpoints für die Erstellung von Views, die verschiedenen Perspektive von System wie Business-, Informations-, Software- und technische Architektur in der Form von Modellen darstellen. Mit der Einführung von den neuen Technologie und Software-Applikationen Frameworks werden mehr komplexer als zuvor. Andererseits die eigene Struktur von Organisationen entwickelt sich rapid. Aus diesem Grund die Verwendung von mehreren Viewpoints bei der Entwicklung von Softwarearchitektur ist unabdingbar. Es existieren sowohl einfache Formen von Frameworks als auch die Frameworks mit spezifischen Zielen. Dabei die Einführung von Viewpoints macht es möglich, die spezifischen Informationen in konkreten Views zu positionieren. Jedes View stellt eine eigene Perspektive von System dar. Außerdem betrachtet man die Viewpoints als die Unterstützung von der Konsistenz von den zusammenhängenden Informationen. Im Weiteren wird über den wichtigsten Aspekt als Traceability diskutiert, weil jedes Framework die entsprechenden Instrumente und Techniken dafür bereitstellt. Auch hilft dabei die Möglichkeit der Integration von verschiedenen Tools. In der Realität die Vielzahl von Organisationen die eigenen Frameworks mit ihren spezifischen Viewpoints entwickeln. Zu bekannten Frameworks gehören unter anderem Zachmann Framework (Sowa & Zachmann, 1992), DoDAF (Department of Defense architechture framework) Architecture Methodology (DoD, 2003), TOGAF (The Open

---

[21] Vgl. *Halpin, T. et al.*: Enterprise Architecture. Creating Value by Informed Governance, Springer-Verlag, Berlin Heidelberg 2009, S. 42.

Group Architecture Framework, 2005) usw. Jedes Framework hat die eigene Methodologie, die aus der Philosophie der Softwareentwicklung besteht. Außerdem, um den Prozess der Entwicklung zu unterstützen, stellt das Framework die verschiedenen Tools, Modelle und Methode bereit.

4.1.1 Zachmann's EAF

EAF war in 1980 von Zachmann als der Klassifikationsentwurf das Konzept für die Organisation von Beschreibungsmethoden (Modelle, Bilder, Diagrammen oder textuelle Dokumentation) vorgeschlagen. Er schrieb in seiner Arbeit „To keep the business from disintegrating, the concept of informations systems architechture is becoming less of an option and more of a necessity".[22] Das Zachmann Framework ist eine generische Klassifikation für Designergebnisse.[23]

Die Idee von Framework besteht darin, dass der Entwickler einer Richtlinie zufolge mit einer Komplexität von EA bewältigen könnte. Darüber hinaus gibt das Framework die Möglichkeit die Isolation von einzigen Aspekten, um die Fehler und Störungen nicht weiter das gesamte System beeinträchtigen können. Diese Zerteilung ist einer wichtiger Standpunkt, weil wie vorher gesagt, der Mensch nicht die ganze System mit seiner Komplexität auf einmal wahrnehmen kann. Framework hat zwei Dimensionen: Perspektiven und Aspekten. Das Ziel war der Aufbau und das Verständnis des Konzeptes, in dem die verschiedenen Typen von Modellen mit ihren Artefakten in Abb.7. vorhanden sind. [24] Es gibt keine feste Anleitung an die Reihenfolge von Prozessen. Das Prinzip liegt in guter Organisation und in der Sicherstellung deutlicher Beziehungen und der Vollständigkeit von allen Aspekten. Es war festgestellt, dass keine IS-Architektur, sondern eine Reihe von solchen Architekturen existiert. Im Kontext von der Arbeit sind von Interesse die Perspektiven oder Viewpoints. Sie werden sich als „Planner", „Owner", „Designer", „Builder", „Subcontractor" und „Functioning Enterprise"definiert. Diese Personen und ihre Interessen stellen ihrerseits die Anforderungen zum System.

- Planner (Scope) Darstellung ist eine Repräsentation von der Größe, Form und Umfang des Systems.
- Owner View (Business Modell) beschreibt die die Zielen von Systemen.

---

[22] Vgl. *Zachmann, J.*: http://www.zifa.com, Abruf am 2010-05-11.
[23] Vgl. *Masak, D.*: Der Architekturreview. Vorgehensweise, Konzepte und Praktiken, Springer-Verlag Berlin Heidelberg 2010, S. 168.
[24] Vgl. *The Zachman Framework™*: The Official Concise Definition, http://www.zach-maninternational.com/index.php/the-zachman-framework, Abruf am 2010-05-10.

Die letzten zwei Perspektive dienen zur Identifizierung von Wiederverwendbarkeit der Alternativen in der Organisation. Sie sind als das Fundament für die

	What Data	How Function	Where Location	Who People	When Time	Why Future
PLANNER Objectives/Scope	List of Things	List of Processes	List of Locations	Organization Structure	List of Events	List of Goals Objectives
OWNER Conceptual	Enterprise Model	Activity Model	Business Logistics	Work Flow	Master Schedule	Business Plan
DESIGNER Logical	Logical Data Model	Process Model	Distributed Architecture	Human Interface	Process Structure	Business Rules
BUILDER Physical	Physical Data Model	System Model	Technology Architecture	Presentation Interface	Control Structure	Rule Design
SUBCONTRACTOR Out-of-Context	Data Definition	Program	Network Architecture	Security Interface	Timing Definition	Rule Specifications
FUNCTIONING ENTERPRISE	Data	Function	Network	Organization	Schedule	Strategy

Abb.7.: Zachmann's Framework für EA

weitere Entwicklung. Auch es ist eine gute Möglichkeit für den Business Expert im Plan die nötigen Prioritäten zu identifizieren.

- Designer (Information) bezeichnet Datenmodellierung, Applikations-, Interfacearchitektur, Business Regeln.

- Builder View (Technology Model) ist eine von Designer View Adaptation, um die vorhandene Technologie und Anforderungen zu integrieren.

- Subcontractor (Detaillierte Beschreibung) ist noch kein Endprodukt, aber die Teile von Fertigkomponenten von der ganzen Struktur. Diese Sicht orientiert sich eher auf aktuelle Implementierung von Aktivitäten.

Die Perspektiven sind sehr abstrakt definiert und werden schrittweise oben detailliert beschrieben und mehr spezifisch auf der unteren Ebene bis zur Implementierung.[25] Schekerman glaubt, dass verschiedene Frameworks zur Erstellung von EA verwendet werden können. Ein Framework wird zur Entwicklung von der technischen Architektur und anderes in abteilungsintern Netzwerk implementiert. Im Weiteren kann man für die Entwicklung und Organisation der Konfiguration von der einzelnen unabhängigen Workstation identifizieren. Jede Perspektive oder Viewpoints stellt sich eine Reihe von Anforderungen dar. Sie können additiv zugefügt werden und sollen konsistent mit anderen

---

[25] Vgl. *Scheckerman, J.*: How to survive in the jungle of Enterprise Architecture Frameworks, Trafford, 6 Aufl. 2004, S. 135.

Modellen sein. In dieser Hinsicht Designer sollen alle Inkonsistenzen zwischen verschiedenen Repräsentationen bei Bedarf korrigiert werden.

Framework umfasst sowohl die technischen Details, als auch eine Reihe von Listen, Chart-Diagrammen und die natürlichen Sprachen. Hier werden alle passende Methode, Standard, Techniken oder Toolsupport benutzt. Framework kann tatsächlich als Tool für die Organisation von Metadaten im Unternehmen verwendet werden.

Es benutzt bei der Entwicklung von Softwaresystem traditionell bottom-up View.[26] Es ist erforderlich von Anfang an das System in bottom-row anschauen. Von diesem Punkt ist mittels neuer Technology oder der automatischen oder manuellen Tools das existierende System zu verbessern. Danach soll der Fokus auf die Perspektive „Designer" mit weiterer Konzentration auf „Builder" und „Subcontracter" liegen. Dabei es ist verschiedene Technologie für die Verbesserung zu verwenden. Diese Methode ist ganz technisch betrachtet. In der Realität es ist schwer „Owner"- oder „Planner"- Perspektive in den Prozess einzuschließen. Trotz aller Beschränkungen gilt das Framework als eine Grundlage für die Erstellung von anderen Konzepten.

4.1.2 TOGAF

Dieser Teil der Arbeit fokussiert auf TOGAF, der wohlbekannteste Standard in Abb.8.[27] TOGAF definiert EAF als Tool, das für die Entwicklung von breitem Spektrum an verschiedene Architekturen geeignet werden soll. Es soll die Methode für das Design von IA mit dem Ziel der Erstellung von Architekturbausteinen beschreiben und zeigt, wie diese zusammenpassen. Framework soll eine Reihe von Tool einschließen und stellen gemeinsames Vokabular zur Verfügung. Dazu ist die Liste von empfohlenen Standards und entsprechende Produkten für die Implementierung von der einzelnen Bausteinen einzufügen. TOGAF integriert solche Maßnahmen als Design, Evaluation und die Erstellung von der flexiblen EA. Das Framework schließt in seinem Konzept Enterprise Architecture Continuum ein, um die verschiedenen Ebenen von Abstraktion in den Prozess der Entwicklung von Enterprise zu dokumentieren. Es macht möglich die Verwendung im Kontext von TOGAF mehrere Frameworks, Modelle und Asset-Architektur. TOGAF besteht aus drei generellen Teilen:

- Architecture Development Method (ADM), dessen Aufgabe in der Gliederung der spezifischen und organisationalen Besonderheiten von

---

[26] Vgl. *Finkelstein, C.*: Enterprise Architecture for Integration. Rapid Delivery Methods and Technologies, Artech House 2006, S. 6.
[27] Vgl. *The Open Group*: The Open Group Architectural Framework (TOGAF), version 9, http://www.opengroup.org/architecture/togaf9-doc/arch/, Abruf am 2010-05-09.

EA besteht. Dazu gehört auch unter anderem die Rekognoszierung von Views, die Verbindung zu praktischen Fallstudien darstellen.

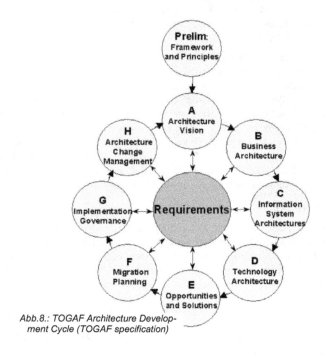

Abb.8.: TOGAF Architecture Development Cycle (TOGAF specification)

- Enterprise Architecture Continuum, der die Taxonomie für alle Asset-Architektur sowohl intern als auch in komplexen Aspekt von IT verwendet wird.
- Foundation Architecture, eine Architektur von generischen Services und Funktionen mit drei Referenzmodellen als Technical Reference Model (bietet das Modell und Taxonomie von generischen Service-Plattform), Standards Information Base (Datenbank, um bestimmte Service und andere Komponente von der spezifischen EA zu definieren), The Integrated Information Infrastructure Reference Modell (für

23

die Unterstützung von den kontinuierlichen und fehlerfreien Datenfluss).

- Ressource Base, der die Richtlinie, Template und Hintergrundinformationen einschließt.

Es wurde Viewpoints im Konzept von IEEE 1471-2000 Standard die nächsten Komplonenten angenommen, wie:

- Business Archtecture Views, die die Meinungen von Users, Entwickler, und Manager präsentieren. Sie finden ihre Fokus auf den funktionalen Aspekten von System von der Perspektive eines Users sowie welche Ziele das System verfolgt und solche Aspekte wie Leistung, Funktionalität und Usability des Systems. Das System kann auf der Analyse existierender Umgebung und Anforderungen und Beschränkungen zu dem neuen System aufgebaut werden.
  - The People View konzentriert sich auf die menschlichen Ressourcen von Unternehmen und alle Akteure, die in den Projekt involviert sind.
  - The Business Process View beschäftigt sich mit allen Prozessen im System.
  - The Business Function View fokussiert auf die Funktionalität, um die Prozesse zu unterstützen.
  - The Business Information View ist auf die laufende Information gezielt.
  - The Usability View untersucht die Nutzbarkeit von System.
  - The Business Performance View beschäftigt sich mit solchen Aspekten wie die Leistung.
- Data- und Application Architecture View. Hier liegt der Fokus von der Perspektiven verschiedener Typen von Beteiligten (Sicherheit, Software, Komponenten von System, Kommunikation). Wie werden die Daten gespeichert, wie bewegen sie sich usw.
- Technology Architecture View. Diese Sicht ist besonders interessant für Administratoren, Managers, Kommunikationsentwickler.
- Composite View konzentriert sich auf solche Detaille wie Speicherstelle, Einrichtung von System, Verbesserung des Systems, seine Verfügbarkeit und Sicherheit.

TOGAF ADM ist eine umfassende Methode, die EA sowohl das Unternehmensniveau als auch auf die einzelnen individuellen Ebene beschreibt. Diese Methodologie unterstützt die Entwicklung von EA durch die Nutzung von Enterprise Continuum als Wissensdatenbank.

4.1.3 Kruchten's 4+1 View Modell von Architektur

In 1995 es wurde von Kruchten 4+1 View Modell für die Entwicklung von Softwaresystem präsentiert.[28] Das Konzept ist dank seiner Einfachheit bekannt. In dem Modell betrachtet man hinsichtlich der Perspektive vier Viewpoints, die mit den Beziehungen zueinander verbunden sind. Das Modell besteht generell aus 4 View mit einem Scenarios-View, die miteinander verbunden sind. Scenarios werden als Instanzen für die wichtigen Uses Cases, die für die Darstellung von Komponenten aller anderen Views geeignet sind. Außerdem Scenarios können als Funktionen für die Suche nach den geeigneten Architekturelementen während des Prozesses von Design benutzt werden. Kruchten bestimmt 4 fundamentale Viewpoints in seinem Konzept:

- Logical View Abb.9. beschreibt das Design von Modell im objektorientierten (OO) Fall.[29] Hier werden solche Modellierungsmethoden verwendet als Klassendiagramm (für die Darstellung von Klassen und deren Beziehungen als Assoziation, Komposition usw.) und state-

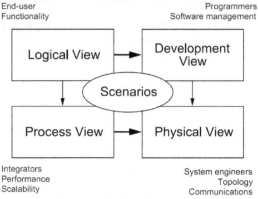

Abb.9.: Kruchten's 4+1 View Model of Architecture

transition Diagramm (internes Verhalten) oder state charts. Die logische Sicht präsentiert auch die Services für die Unterstützung von End-users. In diesem Hinsicht es geht primär um die Nutzung von OO-Design, aber auch Entity-Relationship Diagrammen können hier ihre Anwendung finden. Es ist sinnvoll auch an dieser Stelle UML-Notation zu verwenden.

---

[28] Vgl. *Kruchten, P.*: In: IEEE Software 12 (6) November 1995, S. 42.
[29] Vgl. *Kruchten, P.*: Architectural Blueprints – The "4+1" View Model of Software Architecture. In: IEEE Software 12 (6) (1995), S. 43.

- In Process View wird die Gliederung von Prozessen auf unabhängige Aufgaben von Software, die die laufenden Prozesse und deren Kommunikation in verteilten Systemen repräsentieren. Hier werden nichtfunktionale Anforderungen in Betracht gezogen als die Leistung und die Verfügbarkeit von System. Der Fokus liegt in Synchronisation und Gleichlaufzeit aller Prozesse. An dieser Stelle benutzen die nächsten Methoden wie „thread"-Modelle, „process"-Modelle (Notation von Booch), Synchronisation Methoden.
- Development View beschreibt die statische Sicht der Organisation. Die Sicht fokussiert auf die Erleichterung der Entwicklung, Softwaremanagement, Wiederverwendung und Beschränkungen von System. Das Hauptziel dieses Viewpoints liegt in der Organisation von Submodulen durch Subsystem-Diagramm, die Export- und Importbeziehungen von System darstellen.
- Phisycal View zeigt die Abbildung aller Elementen, die in drei anderen Sichten definiert wurden, auf die Hardware. Hier spielen die solchen Aspekte die wesentliche Rolle als Verfügbarkeit, Konsistenz, Leistung und Skalierbarkeit.

4.1.4 Department of Defense Architecture Framework (DoDAF)

Das Framework war in 2003 von DoD auf der Basis von Command, Control, Communications, Computers, Intelligence, Surveillance und Recconnaissance (C4ISR) Architecture Framework aufgebaut warden. Das Ziel von Framework

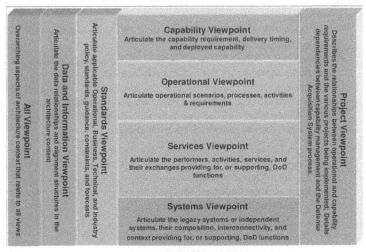

Abb.10.: DoDAF Viewpoints

besteht in der Feststellung von der Komptabilität und der Konsistenz von den Architekturen, die von verschiedenen Services und Agenturen erstellt wurden, und in der Prüfung, ob die technische Architektur einsatzfähig und integrierbar durch die ganze Organisation ist. Dieses Framework ist hauptsächlich im militärischen Bereich einsetzbar.

Wie alle anderen Frameworks stellt DoDAF eine Reihe von Regeln und Richtlinien zur Erstellung von EA dar. In dem Konzept von DoDAF beschreibt man zwar die Darstellung von Architektur, aber es gibt keine Instrumente zu der Konstruktion und der Implementierung von spezifischen Elementen. Drei primäre Viewpoints (Operational, Technical und System) in vorangegangenen Version wurden zu den weiteren spezifischen Viewpoints umgestaltet. DoDAF-Konzept Version 2.0 besteht aus mehreren Viewpoints mit ihren Artefakten und Beziehungen in Abb.10.[30] Man folgt der Spezifikation von DoDAF „Framework beschreibt den Weg von Repräsentation Enterprise Architektur, der auf die spezifischen Problemen und Gebiete der Organisation fokussiert". Das Ziel von Konzept ist es mit der Komplexität durch die Abstraktion von der relevanten Information zu bewältigen und die Konsistenz und die Kohärenz zwischen einzelnen Artefakten sicherzustellen.

Das wichtigste Prinzip von Framework besteht in der deutlichen Präsentation dieser Information und sie zu allen in dem Projekt beteiligten Personen bereitzustellen. Die Darstellung von EA kann in textuellen, grafischen Form, in Forma von Diagrammen dargestellt werden. Jedes einzelne View hat sein spezifisches Ziel und stellt sich als ein Aspekt oder eine Kombination von den nächsten Ebenen:

- Auf hoher Ebene eine Zusammenfassung aller Informationen über die ganze Organisation.
- Definition von Schnittstellen von System. Dieser spezifische Bereich ist für die verantwortlichen Spezialisten von Interesse.
- Information darüber, auf welche Weise alle Aspekte von Enterprise verbunden sind (Wie es Prozessaktivitäten und Businessprozessen von System unterstützt sind oder wie Programm-Management fasst die verschiedenen Aspekte von Netzwerk zusammen).

Die Struktur von DoDAF basiert auf die nächsten Viewpoints:

- „All View" beschreibt der übergreifende Aspekt vom Kontext der EA, der mit allen Viewpoints verbunden ist. Es stellt allgemein den gesamten Kontext, Zusammenfassung, Gesamtüberblick und integriertes Lexikon für die Definition von Begriffen.

---

[30] Vgl. *DoD Architecture Framework*: Version 2.0, http://cio-nii.defense.gov, Abruf am 2010-05-12.

- „The Capability Viewpoint" teilt sich in die Anforderungen, eingesetztes Potential des Systems und Intensität der Ausführung.
- „Data und Information Viewpoints" stellen die Beziehungen von Daten und Strukturierung in EA für operative Anforderungen, Entwicklung von Prozessen, System und Services dar.
- „Operational Viewpoint" enthaltet Szenarien, Aktivitäten und Anforderungsanalyse. Es widerspiegelt die realen Prozesse und dient als Fundament zur Sicherstellung von Interoperabilität.
- Projekt Viewpoint beschreibt die Beziehungen zwischen Operational und „capability requirements" zu implementierenden Projekten. In seinem Kontext Projekt Viewpoint zeigt die Abhängigkeiten zwischen Anforderungsanalyse, dem Potential des Systems, der Entwicklung von Prozessen, dem Design von System und Services.
- Services Viewpoint stellt das Design von Lösungen der Aktivitäten, Services und deren Beziehungen für „operational und capability functions" dar.
- Standarts Viewpoint beschreibt die betrieblichen, technischen und business Strategien und ihren Zusammensetzung, Richtlinien und die Prognose, um die operationellen Anforderungen und die Kapazitäten, Entwicklung von Prozessen, System und Services zu präsentieren.
- System Viewpoint. Hier ist die zentrale Rolle die Unterstützung von der Vererbung, Zusammenarbeit und Kommunikation von „operational and capability"- Funktionen.

4.2 Differenzen zwischen Konzepten von Views

Im vorangegangenen Abschnitt wurde eine Reihe von Framework angegeben, deren Auswahl nicht zufällig angenommen ist. Zachman's Framework gilt als ein von umfangreichen und kompletten Konzepten. Kruchten's 4+1 stellt sich als elegante Lösung mit dem Fokus auf die Aspekte von der Softwareentwicklung dar. TOGAF, ursprünglich von US Department of Defense als Technical Architecture for Information Management (TAFIM), wurde von the Open Group als eine Spezifikation für freie Benutzung bei der Einführung von EA-Konzept eingeführt. Und DoDAF steht beiseite von anderen dank seiner staatlichen Anwendung.

Jedes einzelne Framework hat eigene Struktur mit dazugehörigen spezifischen Perspektiven. Einige Frameworks weisen ähnliche Struktur auf. Aber andere haben sehr spezifische Sicht auf die Gestaltung von EA. In dieser Hinsicht es ist sehr interessant ein Vergleich zwischen Viewpoints von verschiedenen Konzepten zu machen. Als Grundlage für die Gegenüberstellung werden die Perspektiven von Zachmann's Framework genommen. Das letzte stellt ein übergreifendes Konzept mit fast allen möglichen View auf den Forschungsbereich. Die Mehrheit von Frameworks präsentiert nur die beschränkte Sicht mit bestimmten Perspektiven. Einige geben keine klaren Definitionen bezüglich der ausgewählten Viewpoints, was macht schwer das Verständnis von Projektbeteiligten und Entwickler.

Die Tabelle zeigt, dass einige Viewpoints sich überlappen können und einige Perspektiven weisen identischen Charakter auf. Es ist wichtig zu verstehen, dass es keine feste Aufteilung existiert, sondern Frameworks zeigen in einigen Aspekten die Affinität zueinander.

Planner oder Contextual Viewpoint beschreibt spezifische Größe, Umfang und das Ziel des Projektes. TOGAF in seinem Konzept lässt kontextuellen Aspekt weg. Es ist ein umfangreiches Framework, wo die laufenden Prozesse die erste Stelle nehmen. Von daher sein Fokus liegt auf anderen Perspektiven. Kruchten's Framework lässt die kontextuelle Sich weg. Vielleicht es ist damit verbunden, dass eine Entwicklung von EA in seiner Hinsicht ein iterativer Prozess, wo es die Aufgabe vordringlich über die praktischen Komponente liegt. In neuer Version von DoDAF v.2.0 wurde ein neues Projekt View eingeführt, wo die Abhängigkeiten zwischen Projekt, Portfolio und Ressourcen präsentiert werden.

Owner Perspektive (Kunde, End-User) beschreibt die Charakteristik vom Endprodukt wie z.B. welche Vorhaben damit erzielen können oder welche Funktionalität das System haben soll. Es ist ein konzeptuelles View von dem Endprodukt. TOGAF, wie es schon erwähnt, orientiert sich auf Business und Technical Architektur. Sie stellen seine Kernpunkte dar. Framework gibt dafür nicht so viele Methoden zur Planungsvorbereitung oder Instandhaltung. Vielmehr TOGAF ist eine Orientierungshilfe den Prinzipen von Entscheidungsunterstützung, der Richtlinien für die Nutzung von IT-Ressourcen und allgemeinen Prinzipen der Architektur von Software gegenüber. Szenarios in Kruchten's Framework einigen alle Views. Es benutzt dafür Use-Cases für die Entwicklung und das Testen von Architektur. In DoDAF v.2.0 wurde Data and Information Viewpoints, die konzeptuellen, logischen und physischen Sichten einigen. Konzeptuelle Sicht beschreibt „high-level" Konzept von Daten und ihren Beziehungen. Operational View definiert Ziele und Aktivitäten, operative Elemente und Ressourcen. Capability View ist für die Taxonomie, Vision des Unternehmens und die Evolution von Software verantwortlich. Standards View wird auf Enterprise Level positioniert und involviert dogmatische, operative, business, technische oder Industriestandard, Implementierungsregeln, Kriterien und Richtlinien für die Architektur.[31] In der Praxis viele von klassischen Fra-

---

[31] Vgl. *DoD Architecture Framework*, version 2.0, http://cio-nii.defense.gov, Abruf

meworks fokussieren in ihren Konzepten ausschließlich auf Software Architektur ohne Beachtung auf die gesamte EA. Aus diesem Grund werden öfters die ersten zwei Perspektive von Zachman's Framework vernachlässigt. Es wurde vonZachman identifiziert, dass das Gefühl der Frustration bei den Mängeln der fundamentalen Architektur zunimmt.[32]

Framework	Zachman	TOGAF	Kruchten's 4+1	DoDAF
Planner (contextual)	Scope			Projekt Viewpoints
Owner (conceptual)	Business Model	Business Architektur View	Szenarios	Operational, Standard, Capability, Data and Information Viewpoints
Designer (logical)	System Model		Logical Viewpoint	System, Data and Information Viewpoint
Builder (physical)	Technology Model	Technische View	Physical, Development Viewpoint	Data and Information, Services Viewpoints
Subcontractor	Detailed Reprasentation		Process Viewpoint	
User	Functioning System			

Tab.1.: Vergleich von Viewpoints

Designer Perspektive steht zwischen erwünschtes Ziel von Owner und physischen und technischen Möglichkeiten des Systems. Diese logische Sicht präsentiert das endgültige Produkt mit detailliertem Plan und allen nötigen dazu Komponenten und Materialen. Wie im Zachman's Framework präsentiert Designer-View als logische Sicht mit ihren Beschränkungen und Richtlinien für das Endprodukt. DoDAF beschreibt in System-View ein gesamtes System und Funktionen mit ihrer gegenseitigen Verbindung zur Umgebung, was macht leichter die Informationskontrolle zu machen.

Builder Sicht beschreibt wie der finale Plan von Architekt umgestaltet werden soll einschließlich alle technischen Beschränkungen und Anforderungen für die

---

am 2010-05-13.
[32] Vgl. *Zachman, J.*: A framework for information systems architecture. In: IBM System Journal, Vol. 26, No.3, S. 276.

Konstruktion von Endprodukt. In TOGAF es wird mit logischer Sicht koordiniert und in Kruchten's Framework physische und development View präsentiert mit „mapping" von Software und der Organisation von statischen Komponenten. Dies kann durch die Einführung von Modulen und Subsystem-Diagrammen gezeigt werden. Es wurde wie gesagt von DoDAF „Data and Information View" als ein zusätzliches View eingeführt, damit alle Modelle von logischer Sicht in diesem View tatsächlich präsentiert werden. Data and Information mit Services View sind auf innigste miteinander verbunden. Damit wird sichergestellt, dass die Datenelemente von Services zur Verminderung von Risiko der Interoperabilität-Fehlern festgelegt werden.

„Out of context" oder Subcontractor View definiert einzelne Teile von dem ganzen System. Die letzte Sicht stellt sich das physische Ergebnis von Projekt oder das endgültige Resultat von Architekturprozess. Diese Sicht stellt die physische Repräsentation von dem Endprodukt. Aber es ist nicht die Architektur, weil es nicht in graphischen Modellen darzustellen. Eher es ist ein Endprodukt von der Vision und Zielen der Kunden. Alle anderen Frameworks lassen dieses View weg.

Es wird von der Mehrheit von Frameworks eine wesentliche Herausforderung gemacht und zwar der Versuch alle Informationen im Unternehmen zu identifizieren, zu analysieren und in der Form von Modellen darzustellen.

Zachman's Framework ist eine umfangreiche Realisierung, die nicht nur die Perspektiven, sondern auch die verschiedenen Aspekte bei der Gliederung von Information (vertikale Dimension aus der Fragen „Was", „Womit", „Wo" usw.) benutzt. Aber in einigen Fällen es ist hinreichend eine bestimmte Zahl von Viewpoints benutzen, die alle Anforderungen erfüllen. Wir nehmen zur Betrachtung einige Kriterien für die Auswahl von Views, die uns helfen, in der Vielfalt von Perspektiven zurechtzufinden.

Vollständigkeit. Dieser Aspekt basiert auf einer Menge von Viewpoints, der Fähigkeit von Frameworks alle relevante Information aufzudecken. Bei Bedarf kann jede Perspektive in mehrere Niveaus gegliedert werden. Dabei das Hauptziel von der Differenzierung besteht in der Eliminierung von unnötigen oder nicht relevanten Detaille im spezifischen Kontext oder spezifischen Moment. TOGAF und DoDAF ist wohl ein von umfassenden Konzepten mit einer Vielzahl von Views und Dimensionen. Im Vergleich zu Zachman's Frameworks sie decken fast alle relevante Perspektive. Kruchten's Konzept ist zwar eingeschränkt in der Auswahl von Views, aber es ist verständlich und klar definiert.

Transformation zwischen Views. Eine von den wesentlichen Kriterien für die Einschätzung von der Transformation besteht in der Fähigkeit von Konzept die

Modelle in andere Formen mittels der herangezogenen Methodik auf weiteres Niveau zu transformieren, so dass es sich keine Information und Beziehungen zwischen den Artefakten verlieren werden. Zachman's Framework ist eher eine Beschreibung von Struktur der Architektur und gibt keine Methoden zur Transformation von Modellen. Kruchten definiert die Modellierungssprache in jedem View, aber das Konzept hat keine Möglichkeit ein Modell zu anderes halbautomatisch zu transformieren. TOGAF bezeichnet in Enterprise Continuum, dass die Transformation kein formalen Prozess ist, sondern die Entwicklung, die sich auf verschiedenen Niveaus verläuft und zwar: logisch zu physisch; horizontal (IT-Fokus) zu vertikal (Business-Fokus); von der Generalisation zu der Spezifikation; Taxonomie, um die spezifische Spezifikationen von der Architektur durchzuführen.[33]

Existenz von Metamodell. Das Metamodell beschreibt modellhaft einen bestimmten Aspekt der Erstellung von konzeptuellen oder formalen Beschreibungsmodellen. Dabei können verschiedene Aspekte der Modellierung dargestellt werden.[34] Einige Konzepte stellen gemeinsam mit domainspezifischen Modellen auch die Beschreibung von der generellen Klassifikation und der Beziehungen oder anders gesagt „Modell über Modelle" dar. Dazu kann man die Modelle für die Beschreibung von Typen der einzuführenden Komponenten und deren Beziehungen präsentieren. Es existieren z.B. solche Modelle als Meta-meta-Modelle usw. In der Praxis die Einführung von solchen Typen von Modellen trotz ihrer Übersichtlichkeit kann man als eine Beschränkung angesehen werden. Es ist damit verbunden, dass jede Perspektive in ergänzendes Niveau der detaillierten Repräsentation von Information in Form von verschiedenen Modellen dargestellt werden können. In keinen von drei Teilen von TOGAF (ADM, Enterprise Continuum und Ressource Base) gibt es die Definition von Metamodell, um die Konsistenz von Wiederbenutzung von Komponenten während des iterativen Verfahrens sicherzustellen. In seiner erweiterten Version es wurde von Zachman für die drei Views (Owner, Designer und Builder Views) und drei Aspekten (Data, Process, Network) präsentiert.[35] DoDAF definiert Metamodell als DM2, die aus drei weitere Ebenen besteht: ein konzeptuelles CDM (Beschreibung und Definition von Datenkonstrukten auf dem abstrakten Niveau in verständlichen Form), LDM (technische Information, Attributen zu CDM, Definition von Beziehungen) und PES (in Zusammenhang

---

[33] Vgl. *The Open Group*: TOGAF Version 9.0 2009, S. 535.
[34] *Wikipedia*: Der Begriff von Metamodell, http://de.wikipedia.org/wiki/Metamodell, Abruf am 2010-05-14.
[35] Vgl.*Sowa, J., Zachman, J.*: Extending and formalizing the framework for information sytems architecture. In: IBM Systems Journal, Vol. 31, No. 3 (1992),S. 594-595.

mit CDM mit generellen Datentypen, Attributen von Implementierung wie Source, Daten und weitere Umwandlung zum XML Schema Definition.)[36]

Standard oder die Nutzung von Standard. Einige Framework im Grunde genommen stellen den Standard in Form von Referenzmodellen oder anderen Methoden. Die anderen benutzen in ihrem Konzept diese Standards. TOGAF und DoDAF stellt einen eigenen Industriestandard dar. Und zwar bei der Entwicklung von DoDAF-Konzepte kann man andere Standards heranziehen wie z.b. Based Model-Driven Development Process.

Art von benutzten Modellen. Im Allgemeinen in Abhängigkeit von den syntaktischen und semantischen Beziehungen gibt es informelle (textuelle Beschreibungen), semiformale (Entity-Relationsmodelle (ERM) oder UML-Sprache) und formale Modelle (Petri-Netze). In jedem von View man verwendet einen bestimmten Typ von diesen Modellen. In allen von betrachteten Konzepten werden die obengenannten Modellierungssprachen benutzt. Detaillierte Beschreibung folgt in dem weiteren Abschnitt.

Tracing ist das nächste wichtige Kriterium in der Eigenschaft von Viewpoints. Das Verständnis von Abhängigkeiten von Modellen zwischen Design und der Implementierung stellen die große Herausforderung. Zachman's Framework ist ein Konzept mit der ausführlichen Beschreibung in Form von Modellen, aber es gibt keine Methodik zur Verifikation von Konsistenz zwischen deren Artefakten. Die Problematik wird im weiteren Kapitel näher diskutiert.

Top-down or bottom-up Prozess der Einführung für EA ist keine prinzipielle Frage für die meisten von Frameworks. In Kruchten's 4+1 die Entwicklung von EA nimmt ein iterativer Charakter an. Die Einführung von weiteren Konzepten kann sowohl bei der bereits existierenden Systemen (z.B. Business Prozess Reengineering) als auch bei der Neugestaltung von IS durchgeführt werden. Deswegen lassen Frameworks die freie Wahl, ob in der festgelegten Reihenfolge zu laufen, eine iterative Entwicklung auszuwählen oder von einem bestimmten Viewpoints zu beginnen, wie im Fall von Zachmann's Framework.

Anzahl von Views stellt ein wesentlicher Punkt bei der Arbeit mit Viewpoints. Einerseits es ist bequem ein bestimmtes Set von Views, insbesondere für die unerfahrenen Entwickler für die bessere Orientierung und die Übersicht, zu haben. Aber in diesem Fall birgt sich eine Gefahr, dass nicht alle Aspekte mit den relevanten Information wie im Fall TOGAF, wo der kontextuelle Aspekt weggelassen wird, gedeckt werden. Andererseits DoDAF gibt die Möglichkeit

---

[36] Vgl. *Department of Defense:* DoD Architecture Framework Version 2.0, http://cio-nii.defense.gov, Abruf am 2010-05-14.

die umfangreiche Dokumentation in fast allen Aspekten zu erstellen. Aber es ist nur für die Experten mit dazugehörigen Kenntnissen möglich.

Frameworks benutzen die unterschiedlichen Definitionen für die ähnlichen Viewpoints. Trotzt der Anstrengung für die Abgrenzung der Grenzen zwischen Viewpoints es ist noch nicht klar, wo eine Sicht endet und wo die andere beginnt. Keine von Framework unterscheidet deutlich das Ausmaß in jedem View, was die effektive Kommunikation hindert. In meisten Spezifikationen steht, dass es möglich wäre, einige Viewpoints wegzunehmen. Aber gibt keine feste Anweisungen dafür an, welche und in welchem Ausmaß.

Die betrachteten Frameworks stellen die verschiedenen Rahmen von Konzepten. Das zweckmäßige Ergebnis wäre die Einführung von Framework mit der minimalen Zahl von Viewpoints, die alle Aspekte von Unternehmen decken würden. Es existieren die verschiedenen Kriterien für weiteren Vergleich von Viewpoints. Und nur die einigen relevanten von ihnen werden für weitere Betrachtung hingezogen.

Die Methodologie von verschiedenen Frameworks ist ergänzend zueinander. Für die meisten Unternehmen, die sich nur am Anfang der Einführung von EA stehen, die beste Entscheidung ist die Kombination von diesen Methoden, weil das Ziel jedes Unternehmens in dem effektiven Zusammenfügen EA und technologischer Seite besteht.

4.3 Methoden für die Auswahl von Viewpoints

In der Regel bei der Entwicklung von EA werden im Unternehmen viele Abteilungen und Personen in das Projekt involviert. Sie haben eigene Methodologie, korporative Kultur, praktische Erfahrung usw. Wegen der Zeitbeschränkung und des Ausmaß des Projektes entwickeln gleichzeitig die Beteiligten ihre eigene Sicht auf das Problem entsprechend ihrer Anforderungen. Dabei treten die Überlappungen, Konflikten und Inkonsistenzen, die stellen die „mulitple views"-Ansatz unter der Frage. Das Problem vergrößert sich hinsichtlich des Defizits an der einheitlichen Grundlage bei der Definition von Views. Im Folgenden werden die Eigenschaften und Problemen der Integration bei der Einführung von Viewpoints diskutiert.

Views werden durch die Repräsenation von Modellen, Diagrammen oder textuellen Beschreibungen definiert. Dabei behandelt jede Sicht eine Menge von „concern" von der Architektur. Hilliard beschreibt die Charakteristiken von Views in Form von Zielen, Umfang und Elementen von Views.[37] View kann

---

[37] Vgl. *Hilliard, R.*: Views and Viewpoints in Software System Architecture, http://citeseerx.ist.psu.edu/viewdoc/summary?doi=10.1.1.28.3049, Abruf am 2010-05-15.

man als ein Schema für einen bestimmten Aspekt vom Bereich betrachten, wie z.B. die Programmiersprache als Schema für die spezifische Programm:

view: viewpoint:: program: programming language

Wie im Abschnitt 3.1 bereits erwähnt, Nuseihbeh et al. charakterisieren Viewpoints in Bezug auf Syntax, Semantik und die Verwendung als: Name (Identifizierung von Views), entprechende „concern" (Bereich von Diskurs), Viewpoints Sprache, Regeln der Erstellung (die Auswahl und Kombination von Elementen innerhalb von Views), Interpretation, Tecnhik der Analyse. Rozanski und Woods charakterisieren Viewpoints als eine Kollektion von Mustervorlage und Schablonen, eine Art von Richtlinien für die Konstruktion von einem View.[38] Es existiert keinen einheitlichen Katalog für die Definition von Viewpoints. Die Autoren schlagen eigene Liste auf Basis von Kruchten's Framework vor: Funktional, Information, Concurrency, Development, Deployment und Operational Viewpoints.

Fast alle Frameworks geben eine bestimmte Struktur bei der Definition ihrer Viewpoints. Im Fall von Zachman's es kann z.b. sechs Viewpoints sein und in Kruchten's vier mit einem Szenario. Aber die Auswahl von Viewpoints fordert die Berücksichtigung anderer Aspekten und nicht nur die Benutzung von der starren Struktur. Es werden in diesem Hinsicht drei Standpunkte, die von verschiedenen Autoren vorgeschlagen wurden, weiter angesehen.

„Viewpoint resolution" von Leite. Erste und zwar eine der wesentlichen Gesichtspunkte ist die Erhebung von Anforderungen und die abstrakte Definition von Anforderung von Leite in Abb.28, 29 (Anhang).[39] Von ihm wurde eine spezifische Methode „viewpoint resolution" erarbeitet, die die Anforderungen und Meinungen aller Beteiligten berücksichtigen kann. Bei der Modellierung begegnet der Systementwickler der verschiedenen Erwartungen von End-user in der gewählten Gesamtheit von Diskurs, wie und was zu modellieren ist. Derselbe Entwickler kann dieselbe Gesamtheit von verschiedenen Perspektiven darstellen. Leite nennt es „common knowledge" oder das Wissen, das allen zugänglich und verständlich sein soll. „Viewpoint resolution" ist das Instrument für die Bewertung der Erhebung von Anforderungen. „Viewpoint resolution" ist auch der Prozess, der die Differenzen zwischen verschiedenen Viewpoints identifiziert, klassifiziert, evaluiert und die alternative Lösung in Form von Repräsentation integriert.

---

[38] Vgl. *Rozanski, N.; Woods, E.*: Applying Viewpoints and Views to Software Architecture, http://www.viewpoints-and-perspectives.info/doc/VPandV_WhitePaper.pdf, Abruf am 2010-05-15.
[39] Vgl. *Leite, J.; Freema,n P.*: Requirements validation through viewpoint resolution. In: IEEE Transactions on software engineering, Vol. 17, Nr. 12 (1991), S.1253.

Die Strategie für die Analyse von Viewpoints schließt die Prozedur, um Viewpoints zu formalizieren, statische Analyse, um die formale Viewpoint zu analysieren und spezifische Sprache VWPI, um Viewpoint darzustellen, ein. Erstens ist es alle Akteure im System durch den Aufbau von „is-a" und „parts-of" Hierarchie mit abstrakten Formen von User zu identifizieren. Für jede Perspektive ist Fakten zu finden, Fakten mittels Stichwörter zu präsentieren und zu klassifizieren. Danach folgt die Identifizierung eines Sets von Viewpoints und Durchführung von „fact-finding" Methode. Die Beteiligten haben die spezifische Sicht und die verschiedene Perspektive und daher belegen einen bestimmten Platz in der Hierarchie. Perspektive und Hierarchie seinerseits werden durch statische Analyse betrachtet. Zum Schluß wird View dargestellt, so genannt das integrierte Modell der verschiedenen Perspektiven und Hierarchie von demselben Viewpoint.

Um ein View zu modellieren, der Systementwickler benutzt drei Perspektiven und zwei Hierarchien. Zu den ersten gehören die Perspektive von Akteur, Daten und Prozesse. Zu der Hierarchie zählt man „is-a" und „part-of" Hierarchie. Weiter werden die Perspektiven und Hierarchie gegenübergestellt, um eine Liste von Diskrepanzen und ihre Typen zu erstellen. View ist die Integration von Perspektiven und Hierarchien, die während der Analyse von Perspektiven formuliert war. Die Konstruktion von einer Perspektive ist der Prozess, in dem der Systementwickler das Konzept von „application vocabulary" benutzt. Erstens er analysiert das Problem und danach er schreibt die gefundenen Fakten mittels VWPI-Sprache auf. Dieselbe Methodik gehört zur Analyse und Erhebung von Fakten in der Hierarchie. Der ganze Prozess macht es dem Entwickler leichter, das ganze Konzept zu verstehen. Schließlich es wird von ihm bessere Modelle bei der Berücksichtigung aller Anforderungen erstellt.

Inter-Viewpoint-Regeln von Nuseibeh und Finkelstein. Es wurde von ihnen ein Framework für die detaillierte Analyse und die Lösung von Konflikten in Viewpoints vorgeschlagen.[40] Es wird im Abschnitt 3.1 allgemein dieses Konzept dargestellt. Um die Anforderungen von verschiedenen Beteiligten zu integrieren, ist es die Überlappungen zu identifizieren, das Zusammenspiel, die Kooperation und Widersprüche aller Personen zu berücksichtigen. Das Modell wird über die Spezifikation von Controlled Requirement Expression (CORE) (eine Reihe von Viewpoint Template) gemacht. In der Studie wird interViewPoint-Regeln, um die Beziehungen zwischen Viewpoints zu identifizieren, vorgeschlagen. Die Methodik ist zu umfangreich, damit in dieser Arbeit sie ganz präsentieren.

---

[40] Vgl. *Nuseibeh, B. et al.*: A Framework for Expressing the Relationships Between Multiple Views in Requirements Specification. In: IEEE Transaction on Software Engineering, Vol.20 (1994), S. 762.

Controlled Requirement Expression von Mullery. Die nächste konventionelle Methode wurde von Mullery (1979) vorgeschlagen.[41] Das Ziel von diesem Ansatz ist die Erstellung der Sammlung von Information in tabellarischer Form und Set-CORE-Diagrammen an verschiedenen Ebenen. Die Aufgabe von CORE ist die Definition von Viewpoint (Lebenszyklus, Umgebung, Reliabilität), Typen von Information (Vorgänge, Aktionen, Mechanismen, Information), Beziehungen (Datenfluss, Hierarchie, zeitliche Abfolge), Attributen (Größe, Beschränkungen und Frequenz). Erstens werden alle Personen für jede ausgewählte Viewpoint interviewt werden, wobei sie von anderen Viewpoints bewusst sein sollen. In der Tabelle werden die relevanten Schlüsselfaktoren dargestellt als Anreize und Verantwortung (information/media), Quellen und Zielen (Prozessen) usw. Danach werden einige Viewpoints kombiniert, damit man die neuen Prozesse oder Daten ermitteln werden könnte. Als alle individuelle Viewpoints identifiziert werden, muss man die Beurteilung von Reliabilität, mittels solchen Fragen wie z.B. was könnte schieflaufen oder kann man das Scheitern verhindern, durchführen. Im Folgenden werden die Ergebnisse der Beurteilung von Reliabilität und Daten mit kombinierten Tabellen zusammengestellt. Zum Schluss ist die Überprüfung von Aktivitäten zu realisieren. In dieser Phase ist zu prüfen, ob die gesammelte Information vollständig ist und ob sie alle Anforderungen deckt. Auch die Konsistenz von allen Aspekten des aktuellen Views spielt nicht die letzte Rolle. Die weiteren praktischen Erfahrungen zeigen, dass CORE leider nicht alle Informationen umfassen kann, aber in einigen Fällen nutzbar sein kann.

4.4 Problemen bei Multi-Viewpoints Konzept

Die Benutzung Viewpoints-Design löst nicht alle Problemen bei der Einführung von Softwaresystem.

Inkonstistenz. Die Verwendung von mehreren Viewpoints bedingt unvermeidlich die Entstehung der Inkonsistenz. Man folgt der Logik, es ist möglich theoretisch mittels Architecture Description Language (ADL) die neuen Modelle zu schaffen und danach sie kreuz und quer zu überprüfen, wie z.B. in Eclipse-Tool bei der Erstellung der Quellcode. Aber in der Praxis existieren keinen einheitlichen Standard von dieser Sprache und die meisten Überprüfungen werden manuell gemacht. Die existierenden Methoden zu dieser Problematik sind entweder nur ad-hoc oder zu einem Teil von Lebenszyklus definiert. Deswegen die Unterstützung von Konsistenz bekam die große Priorität in der Entwicklung von Softwaresystem. Als Alternative zur Lösung von dem Problem wurde von Narayanaswamy und Goldman eine Methode „lazy constistency" defi-

---

[41] Vgl. *Mullery, G.*: CORE - a method for controlled requirement specification. In: Proceeding of the 4th international conference on Software Engineering (1979), S. 129.

niert.[42] Diese Methode wird hauptsächlich in verteilten Systemen benutzt, wo die Veränderungen in Software Architektur geplant und vorzeitig angekündigt werden können. Es macht möglich, alle Änderungen in jeder Phase der Entwicklung des Systems passiv zu identifizieren und zu speichern. Nuseibeh nennt eine Reihe von Faktoren, die zur Entstehung der Inkonsistenzen beitragen wie eine Vielzahl von Views, Differenz von Sprachen, Strategien in jedem View, Stadium des Prozesses, Überlappung von Views.[43] In seiner Studie es wurde von ihm vorgeschlagen, Configuration Management (ConMan) zu benutzen. Schwanke und Kaiser meinen, dass es überhaupt nicht möglich ist, vollständig die Inkonsistenz zu beseitigen. Deswegen haben sie ein Konzept „Leben mit Inconsistenz", der auch ConMan benutzt ist. Mittels ConMan werden Inkonsistenzen ohne Entfernung identifiziert und überprüft. Kosten nach der Umgestaltung werden mittels des Ansatzes „smarter recompilation" verringert. Auch die Programme werden nicht vollständig von der Inkonsistenten in Code durch „debugging and testing tool" geschützt. Management von Inkonsistenz von Nuseibeh besteht aus den nächsten Schritten. Erstens muss man die Inkonsistenzen identifizieren als z.B. Entdeckung von Widersprüchen in der Spezifikation. Danach folgt die Klassifikation von gefundenen in der Spezifikation Inkonsistenzen. Sie können als, welche Ursache dafür war, oder vordefinierte Einstellung von dem Entwickler. Zum Schluss folgt das vorgeschlagene Konzept von Finkelstein wie die Bearbeitung von Inkonsistenzen. [44] Es basiert auf das Handeln in der Präsenz von Inkonsistenzen. Als Beispiel der Aktion dafür kann man die nächsten sein:

- keine Beachtung auf die Existenz von Inkonsistenzen. Dies kann der Fall sein, wenn die gefundene Inkonsistenz im System relativ isoliert wird oder wenn ihre Anwesenheit nicht die weitere Entwicklung von System verhindert, auch wenn die Höhe des Risikos nicht rechtfertigt die Kosten für ihre Aufhebung.

- Verschiebung. Es kann verwendet werden, wenn die geforderte Information später benötigt. Inkonsistenz in diesem Fall soll überwacht werden, damit andere Aspekte von der Entwicklung nicht beeinträchtigt werden oder wenn sie wegen der anderen Aktionen verschwindet.

- Umgehung. In einigen Fällen es ist vernünftig die Inkonsistenz bei der Sperrung oder der Änderung von Regeln umzugehen. Als Beispiel da-

---

[42] Vgl. *Narayanaswamy, K., Goldman, N.*: "Lazy" Consistency: A Basis for Cooperative Software Development. In Proceedings of International Conference on Computer-Supported Cooperative Work (1992), S. 257.

[43] Vgl. *Nuseibeh, B.*: To Be and Not to Be: On Managing Inconsistency in Software Development. In: IWSSD'96, S. 164.

[44] Vgl. *Finkelstein, et al.*: Inconsistency Handling in Multi-Perspektive Specifikations. In: Proceding of Fourth European Software Engineering Conference (1993), S. 4.

für kann die spezifische Ausnahme zu den generellen Regeln von Konsistenz.

- Verbesserung. In einigen Situationen ist es besser etwas zu verbessern ohne Beseitigung von Inkonsistenz.
- Unmittelbare Lösung. Es wird durch die Aktion unverzüglich die Inkonsistenz beseitigt oder repariert.

Falsche Auswahl von Viewpoint. In komplexen Systemen ist es schwer auszuwählen, welches Viewpoint ist für den bestimmten Bereich verantwortlich. Es sind viele Faktoren, die auf diesen Prozess den Einfluss haben, wie die Größe des Projektes, Qualifikation der Entwickler und Zeitfaktor. Außerdem in einigen Fällen ist es schwer die deutlichen Unterschiede zwischen verschiedenen Viewpoints herauszufinden. Dabei verschlimmert die Sache damit, dass bei der falschen Auswahl von Viewpoint die Einbeziehung von den falschen Ansprechpartnern stattfindet.

Vielzahl von Views. Bei der Entwicklung von Softwaresystem entsteht eine Reihe von einzelnen Views, die als Produkt von der Meinung der Vielzahl in das Projekt involvierten Beteiligten ist. Es ist sinnvoll an diesen Punkt zwischen einerseits der Vollständigkeit von Information in Form von zahlreichen Views und andererseits der Einhaltung von Konsistenz. In dieser Hinsicht, um die Fragmentation zu verhindern, soll der Entwickler unnötige Views aussortieren.

4.5 Abstraktionsmethoden

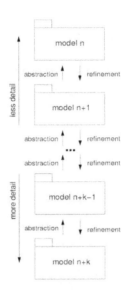

*Abb.11.: Abstraktionsni-
veau*

Viewpoints werden sich auf der Basis von Abstraktionsmethoden gestützt. Booch definiert die Abstraktion als eine wesentliche Charakteristik von einem Objekt, die es von allen anderen Arten von Objekten differenziert und von daher stellt knapp definierte Grenzen, die relativ zu den Perspektiven vom Betrachter in Abb.11.[45] Damit werden alle irrelevanten Details unterdrückt, um ein anschauliches und einfaches Modell zu erhalten. Durch den ganzen Weg der Entwicklung von Softwaresystem ist es eine Menge von Aspekten zu berücksichtigen, z.B. welche Sprache benutzen die Beteiligten, welche Hardware sollte installiert werden, welche Schnittstellen hat das System usw. Wenn alle diese Aspekte in einem Modell präsentiert sind, dann dieses komplexe Modell ist unübersichtlich und wenig verständlich. Der bessere Vorschlag wäre den ganzen Design-Prozess zu einzelnen Teilen mittels Abstraktionskriterien zu gliedern, die was relevant und was nicht definiert werden kann. Viewpoints gehö-

---

[45] Vgl. *Booch, G.*: Object-oriented analysis and design, Addison Wesley Longman, 1994, S. 38.

ren auch zu diesen Abstraktionskriterien. Es ist möglich durch die Nutzung von Abstraktionskriterien alle irrelevanten Aspekte bestimmen und stellen eine Reihe von interagierenden Aspekten, damit das Modell leichter zu verstehen ist und die Flexibilität der Modelle verbessern könnte. Das Modell oben hat weniger Details im Vergleich zu den untenstehenden Modellen. Und ganz unten kann man das Modell mit allen Artefakten und Details betrachten. Es gehört zu allen Viewpoints, ob es Design, Modellierung von Kundenanforderungen oder Implementierung sind (Abb.30, Anhang)[46]. Design-Prozess beginnt mit der ersten Repräsentation von verteilten Systemen, die der ausgewählte Aspekt skizziert. Danach folgt schrittweise die Transformation der groben Darstellung zu Modell mit der ausreichenden Information. Die Transformation kann in fortlaufenden Schritten ausgeführt werden, wo die geforderte Information in jedem Schritt hinzugefügt werden kann. In Abhängigkeit von den Anforderungen oder Kontext der Situation Design-Information kann detailliert oder mehr abstrakt dargestellt werden.

Die Abstraktion kann in verschiedene Ebenen von Details differenzieren. Eine Abstraktion kann als drill-down-Version von der anderen sein, im Fall wenn mehr detaillierte Betrachtung notwendig ist. Die Abstraktionsebene bezeichnen die Granularität von dem einzelnen View, weil die Modelle als grob oder fein detailliert werden können. Das hohe Niveau in diesem Kontext repräsentiert die grobe Abstraktion von der EA. In seinem Konzept gliedert Zachman Framework auf sechs verschiedene Abstraktionen: wie, wo, was, wer, wann und warum. Mit dieser Methode definiert man im Konzept die Gliederung auf horizontaler Ebene. Auf diese Weise man unterscheidet zwischen den Abstraktionsniveaus: menschliche Aspekte, Prozesse, Services oder Informationssystemen, die verschiedenen Mechanismen wie Architektur und Technologie.

Wie es bereits erwähnt, das ganze System ist zu komplex, um es mit allen möglichen Details auf einmal umzufassen. Und es ist relativ einfach, einen Teil davon zu verstehen. Es ist möglich einerseits das System in der ganzen Komplexität mit allen Details analysieren und andererseits seine detaillierten Teile einen nach dem anderen betrachten. Aus diesem Grund die Abstraktion, die mit hierarchischer Zerlegung kombiniert ist, hat die Aufgabe mit den komplexen Systemen zu bewältigen. Das System, die in der Phase der Entwicklung ist, wird als der abstrakte Prozess so weit betrachtet, bis die komplette Integration von den Prozessen abgeschlossen ist. Der Entwickler zerlegt den ganzen Prozess bis zur unteren Ebene. Danach wird jeder identifizierte Prozess untersucht, um die Angemessenheit zum originellen Prozess einzuschätzen. Wenn es nicht

---

[46] Vgl. *Dijkman, R.*: Consistency in Multi-Viewpoint Architectural Design, Enschede, The Netherlands 2006, S. 20.

so ist, dann folgt der Prozess von der Abstraktion weiter, bis den erforderten Grad erreicht wird. Im Fall, wenn alle abstrakten Prozesse von einem tatsächlichen Prozess gedeckt werden, dann beendet der Prozess der Zerlegung. Es sollten die bestimmten Materialflüsse und Synchronisationslinks für die Prozessen abgeschlossen werden. Solche Beziehungen in der Tat können nur in höheren abstrakten Ebenen präsentiert werden. Es können die verschiedenen Formen von Abstraktion unterschieden werden: Typen von Vorgängen, Generalisierung, Verkapselung usw.

Sommerville unterscheidet hauptsächlich zwei abstrakte Modelle[47]:
- Generische Modelle. Sie stellen eine Abstraktion von einer Reihe von dem realen System. Sie fassen die wesentlichen Charakteristiken von diesen Systemen.
- Referenzmodelle sind mehr abstrakte Modelle und stellen eine höhere Klassenstufe dar. Referenzmodelle informieren der Entwickler über die generelle Struktur der Klassen im Softwaresystem.

Es gibt natürlich keinen starren Unterschied zwischen diesen Typen von Mo-

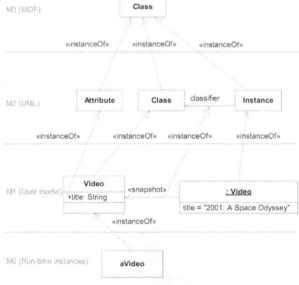

Abb.12.: Four-level Metamodel Hierarchie von UML

---

[47] Vgl. *Sommerville, I.*: Software Engineering,Eddison-Wesley Publishers Limited, Eight Edition 2007, S. 261.

dellen. Und die generischen Modelle können als Referenzmodelle benutzt werden. Aber die ersten können direkt in Design transformiert werden. Referenzmodelle sind jedoch verwendet, um die Kommunikation im Konzept zu erleichtern oder als Vergleich und Bewertung zwischen möglichen Architekturen. Im Unterschied zu generischen Modellen können sie nicht als einen Weg bis zur Implementierung angesehen. Vielmehr ihre hauptsächliche Funktion besteht in der Besprechung im spezifischen Bereich von Architekturen und dem Vergleich von verschiedenen Systems in einer Domain.

Metamodell von OMG. Es wurde von OMG einen Standard bei der Benutzung von Elementen der Metamodellen vorgeschlagen. Die Richtlinie basiert auf der Entwicklung von Meta Object Facility[TM] (MOF[TM]) und eine Sprache UML[TM] in Abb.12.[48]Abbildung zeigt die vorgeschlagenen von OMG Ebene. Die Gliederung ist nicht zur verwendeten Technologie eingeschränkt und stellt nur generell das konzeptuelle Schema dar, um Objekte, Klassen, Metaklassen und Metametaklassen zu klassifizieren. Sowohl die Modellierung in Views fordert die Benutzung von einem verständlichen Konzept und dazugehörigen Modelelementen, als auch es ist nötig die einheitlichen Meta-Konzept zu verwenden, um Viewpoints und Modellierungssprachen zu konstruieren. In Kontext von Differenz zwischen Viewpoints es ist unabdingbar die benutzten Methode in EA zu realisieren. Meta-Konzept bezeichnet das Konzept, um die anderen Konzepte zu definieren. Das Konzept ist allgemein eine Instanz oder eine Komposition von Instanzen von einem Meta-Konzept. Die Beispiele für das Meta-Konzept können ein Konzept oder ein Attribut sein. An M0-Ebene befinden sich die realen Dinge der Welt wie ein bestimmter Vertrag oder ein konkreter Mitarbeiter oder anders gesagt eine Instanz. Auf der M1-Ebene bezeichnet man die Elemente von Modell wie konkrete UML-Klasse oder DSL-Konstrukt. Niveaus M2 definiert Metamodelle wie Klasse, Attribute oder Instanzen. Sowie es Metamodell beschreibt einen Konzept, Metametamodell ist Meta-Konzept zu definieren. Der Bedarf nach Multimodellieren stammt aus der Beobachtung, dass in der Wirklichkeit existierende Systeme mehrere Domains umfassen. In der Realität das System ist mit mehreren Modellen in verschiedenen Sprachen zu beschreiben, die zu diesen Domains gehören. Die Beschränkungen und Beziehungen von Modellinstanzen definiert Object Constraint Language (OCL). Es existiert in UML-Modellen zwei Möglichkeiten die verschiedenen Niveau zu modellieren: UML-Profile und OMG MOF. Die erste Methode benutzt für die spezifische Aufgabe die Möglichkeiten innerhalb von UML (Stereotypen, Beschränkungen usw.). MOF-Methode ist mehr weiterreichend und basiert auf der Tatsache, dass UML-Metamodell eine

---

[48] Vgl. *Object Management Group:* Unified Modelling Language Specifikation V.2.2., http://www.omg.org/spec/UML/2.2/Infrastructure/PDF/, Abruf am 2010-05-18.

Instanz von dem Modell, MOF-Modell, ist. Die hinzukommenden in MOF neuen Objekte und deren Beziehungen können neue Modellierungstechnologie verursachen. Im Vergleich zu UML-Profilen es ist möglich in MOF die Erstellung in Instanzen ganz neuer Klassen von UML-Metamodellklassen.

4.6 Definieren von Modellierungssprachen

Viewpoints und dazugehörige Konzepte werden als eine Vorstellung von einem Anteil von Design konstruiert. Die Abbildung von konkreten Views unterscheidet sich durch die Vielfalt von „stakeholder", die ihre Vorstellungen über konkrete View in der Form von Modellen abbilden, um das Design und das Verständnis des Konzeptes zu teilen. Wie man in der Einführung bereits erklärt, das Modell ist eine textuelle oder graphische Repräsentation von Design. Aus diesem Grund das Design kann man auf drei Teile gliedern, eine echte Welt, wo das System und seine Umgebung existieren, konzeptuelle Welt, was stellt das Konzept von der Welt der Beteiligten gegenüber dar und symbolische Welt, als die konkrete Darstellung von konzeptueller Welt. In jeder Sicht kann man die verschiedenen Modelle mit differenten Symbolen benutzt werden.

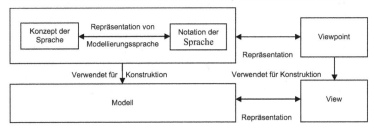

Abb.13.: Viewpoints, Modellierungssprachen und deren Beziehungen

Viewpoints definierten die Darstellung von Konzepten in jeder Sicht. In diesem Zusammenhang die Modellierungssprachen sind das Mittel für Views, um die passenden Modelle Abb.13. zu konstruieren.[49] Die Modellierungssprachen haben ihrerseits das Konzept für die Sprachen. Es definiert, was genau konstruiert werden sollte und die eigene Notation, um das Konzept in der textuellen oder graphischen Form darzustellen. Das Konzept von Modellierungssprachen repräsentiert einige Systemeigenschaften wie in der Fall von Design-Konzept. Als Beispiel dafür kann es die Aktivitätsdiagramm angeführt werden, wo die Prozesse in der Form von dem abgerundeten Rechteck dargestellt werden. Der einzelne Prozess seinerseits repräsentiert die bestimmte Aktivität im

---

[49] *Dijkman, R.*: Consistency in Multi-Viewpoint Architectural Design, Enschede, The Netherlands 2006, S. 33.

System. Repräsentation von Modellierungssprache zwischen Konzept der Sprache seine Notation definiert, wie das Konzept der Sprache durch die eigene Notation oder eine Reihe von Elementen der Notation repräsentiert wird. Dementsprechend sie zeigt, auf welche Weise es die einzelnen Elemente von der Notation hinsichtlich des Konzeptes der Sprache interpretieren können. In diesem Aspekt die Modellierungssprache kann mit mehr als einer Notation von demselben Konzept assoziiert wird. Als Beispiel dafür kann die textuelle und graphische Notation für dasselbe Konzept anführen, weil man die textuelle Notation einfacher versteht und die graphische für die Verarbeitung von Programmen interpretiert wird. Der Unterschied zwischen dem Konzept der Sprache und seiner Notation liegt in der eindeutigen Trennung von Notationsaspekten der Modellierungssprache und der konzeptuellen Aspekten. In diesem Zusammenhang das Konzept von der Sprache ist ein wesentlicher Punkt für die Interessengruppe, weil es als Viewpoints bezeichnet. Die Abbildung bezeichnet die Beziehungen zwischen Viewpoints, Views, Modellierungssprachen und Modellen.[50] Es ist die Beziehungen zwischen dem Konzept der Sprache und Design-Konzept von Viewpoint zu definieren, um mittels der Modellierungssprache das Viewpoint zu repräsentieren. Diese Beziehungen sollen eindeutig bezeichnet werden. Im Idealfall das Konzept von Modellierungssprache entspricht dem Konzept von Viewpoint. Deswegen existiert keinen Bedarf in diesem Fall in Beziehungen von Repräsentation. Aber in der Realität das Konzept der Sprache allgemein unterscheidet sich vom Konzept von Viewpoint, weil sie von den verschiedenen Beteiligten getrennt entwickelt werden. Als Beispiel dafür kann die Erstellung von Modellierungssprachen, die von Tool-Entwickler entwickelt werden, um sie für so viele Interessengruppen angemessen wie möglich zu machen. Solche Konzepte, wie es in vorherigem Kapitel besprochen wird, bezeichnet man als generisch. Das Konzept von Viewpoint, das von „stakeholders" definiert wird, aus diesem Grund ist spezifisch zu betrachteten View. Es setzt voraus, dass die Modellierungssprache in mehreren Viewpoints verwendet werden kann. Deswegen die Beziehungen zwischen Viewpoints und Modellierungssprache kann die verschiedenen Formen annehmen, abhängig davon wie viele Konzepte von Viewpoints unterscheiden sich vom Konzept der Sprache in der verfügbaren Modellierungssprache, wie viele Beteiligten sind bereit das Konzept von Viewpoint anzupassen und wie schwer ist es, das Konzept von Sprache zu entsprechenden Tool anzupassen.

---

[50] Vgl. *Ferreira Pires, L.*: A framework for distributed systems development. Ph.D. Thesis. University of Twente, Enschede Netherlands (1994), S. 4.

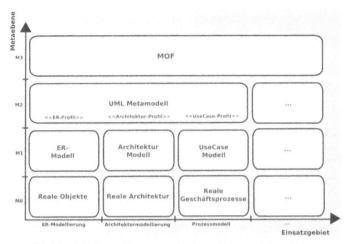

Abb.14.: Meta-Hierarchie von verschiedenen Modellen in Projekten

In der Realität das Konzept der Sprache und Viewpoints stimmen ganz überein. Es existieren zwei grundlegende Strategien bei Modellmanagement, entweder die involvierten in das Projekt Menschen passen die verfügbare Sprache an oder die Modellierungssprache wird zum Konzept von Viewpoints angewendet. Bei der ersten Vorgehensweise, die in der Praxis oft verwendet wird, wählt man die existierende Modellierungssprache wie UML. Dabei das Konzept von Viewpoints wird implizit genommen. In diesem Fall die Beteiligten sind bei der Auswahl von ihr eigenes Konzept von Viewpoints eingeschränkt. Das letzte wird durch das Konzept von Modellierungssprache definiert. Domain Specific Languages (DSL) wird im zweiten Fall benutzt. DSL wurde speziell für bestimmte Domains (ein Viewpoint oder ein Set von Viewpoints) entwickelt. Man kann es anders interpretieren, dass DSL nicht sein eigenes Konzept definiert, sondern das Konzept von Viewpoints benutzt. Es ist also in der Praxis empfehlenswert die zweite Möglichkeit aktiv zu verwenden, weil das Konzept von Viewpoints von spezifischen Eigenschaften des Systems ausgeprägt werden sollte. Folglich das Konzept der Sprache muss dem Konzept von Viewpoints angepasst werden.

Enterprise Architecture Framework Konzept ermöglicht die Erstellung von Modellen nach ausgewählter Methodologie. In der Realität, um das gesamtes Konzept zu entwickeln, benötigt man ein Set von Modellierungssprachen auf verschiedenen Views, das die nächsten Kriterien erfüllen soll:

- Es soll imstande sein, jedes View oder Viewpoint von jedem EA-Artefakt in der Entwicklungsmethodologie und das Aufmaß von Spezifität zu repräsentieren.
- Die entwickelten Modelle an jedem View sollen mit den Modellen an anderen Views mittels Links verbunden werden.

- Modellierungssprachen sollten auf der bestimmten Methodologie basieren, wie z.B. Metamodell mit semantischen Regeln.

Die große Zahl von Methoden und Sprachen präsentieren nur einen Anteil von Modellierungsmöglichkeiten im EA. Von daher wegen der Vielzahl von Sprachen wäre es sinnvoll, um die Inkonsistenzen vorzubeugen, einen einheitlichen Standard wie z.B. UML benutzen Abb.15. Die Vielfalt von Methoden ist eher nicht ein Indiz für die Unreife von einer Methodologie, sondern die Expression von außergewöhnlicher Komplexität. Die angesehenen Aspekte im EA können von verschiedenen Positionen gleichzeitig betrachtet werden, damit auf bestimmte Aspekte fokussieren.

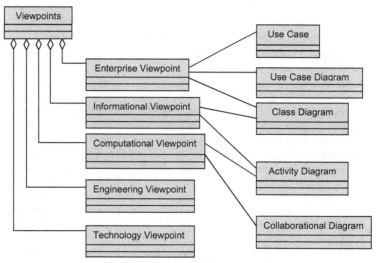

Abb.15.: Viewpoints und Modellierungssprachen

Und jegliche Kombination von angenommenen Gesichtspunkten und Aspekten ergibt eine verschiedene Methodologie, die für die bestimmten Zielen gleich gerechtfertigt.

Es ist auch unmöglich in der Realität alle Modelle zugleich für ein konkretes Ziel auszuwählen, weil es verschiedene Methodologie im Rahmen von Enterprise bedeuten könnte. In dieser Situation es ist plausibel ein Set von integrierten Komponenten mit der Möglichkeit von Erweiterung für jedes Ziel zu definieren. In diesem Kontext spielt UML-Sprache eine entscheidende Rolle in der Modellierung von EA. Trompeter et al. geben ein Beispiel für die Anordnung für Modellierungssprachen in Metahierarchie.[51] Entity-Relation-Modelle, die auf Basis von ER-Profil basieren, werden wieder durch das UML-Profil definiert.

Ebenfalls sieht die Sache mit dem Architekturmodell. Es wurde es auch mit einem UML-Profil bezeichnet und mit dem Use-Case-Modell, das durch Use-Case-Profil definiert, zusammenpassen.

Als eine Repräsentation von dem System besteht das Modell aus einer Reihe von Komponenten.

Es wird zur Betrachtung von der benutzten in verschiedenen Viewpoints Modellierungssprachen das Konzept von RM-ODP, wo die Views die Perspektiven von den Beteiligten sind. UML-Modellierungssprache schließt alle abs-

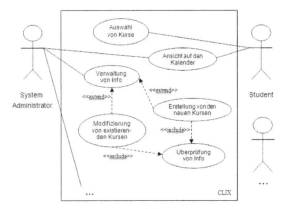

Abb.16.: UML Use Case von CLIX-Portal

trakten Komponenten ein, um den ganzen Inhalt von der EA zusammenzustellen. Diese abstrakten Komponenten enthalten Domains, Akteuren, Klassen und Interface. Das folgende Diagramm repräsentiert die benutzten in RM-ODP-Konzept UML-Modellierungssprachen.

Enterprise Viewpoint. Enterprise Aktivität umfasst eine Reihe von Subaktivitäten und Services, die mit der Hilfe von UML dargestellt werden könnten. Bei detaillierter Betrachtung in Use Case werden Name, Dokumentationsattribute und einzigartiger Identifikator (ID) benutzt.

Man verwendet diesen Typ von Diagrammen für die Darstellung spezifischen Anforderungen oder was das System eigentlich tun muss. Das Schlüsselkon-

---

[51] Vgl. *Trompeter, J. et al.*: Modellgetriebene Softwareentwicklung, Software & Support Verlag GmbH, 2007, S. 56.

zept assoziiert mit Akteuren, Use Cases Abb.16. und Subjekten. Das Subjekt bezeichnet den Aspekt von System, in dem es man Use Cases verwendet. Users und andere Systeme, die mit dem ausgewählten Subjekt interagieren können, werden als Akteuren repräsentiert. Akteure in diesem Fall modellieren die Entitäten, die außen von dem System sind. Use Cases spezifizieren die erforderte Verhaltensweise von dem System. In diesem Zusammenhang Uses Cases werden gemäß den Bedarfen von Akteuren definiert. Use Case Diagram legt die Interaktionen zwischen Users und dem System auf hoher Ebene fest.

Deswegen Uses Case Diagramm kann für die Definition von Modulen in groben Formen angewendet sein. Use Case ist hauptsächlich auf das Zusammenwirken von „stakeholders" vom System und das System als ihre Grenzen, in der sie interagieren sind. Use Case Diagram zeigt die Akteuren vom System entweder in der Form von tatsächlichen Menschen oder in der Form von interagierenden Systemen. Außerdem Use Case Diagrammen präsentieren die aktuellen Use Cases und die Beziehungen zwischen Akteuren und Use Cases. Im Einzelnen jede Use Case stellt mehrere abstrakten Aktivitäten, die von Akteuren ausgeführt werden, fest. Die Modellierung von Use Cases wird in der früheren Phase von Anforderungsanalyse eingesetzt, um die verschiedenen Rollen in individuellen Teilen von der Funktionalität des Systems zu definieren.

Class Diagramm wird aus verschiedenen Klassen und deren Beziehungen zusammengesetzt. Diese Beziehungen definieren direkte Relationen zwischen Klassen. Aus diesem Grund werden diesen Typ von Diagrammen hauptsächlich zur Bestimmung von der statischen und logischen Strukturen vom System, Subsystem, der Komponenten oder der Teilen von denen. Die Assoziationen benutzt man in verschiedenen Formen mit verschiedenen Bedeutungen:

- Die Assoziationen definieren frei wählbare Beziehungen zwischen zwei Klassen. Es bedeutet, dass sie miteinander verbunden sind.
- Die Aggregation ist eine spezielle Assoziation. Sie zeigt, dass die Klasse andere Klasse oder ihren Teil beinhaltet.
- Die Generalisierung ist eine spezielle Form von Assoziation zwischen zwei Klassen, wo die Beziehungen zwischen mehr generellen Klassen und mehr spezifischen Klassen sind. Man nennt es auch die Verbindung zwischen Klassen mittels der Vererbung.
- Die Verfeinerung stellt eine Assoziation zwischen zwei Darstellungen von demselben Gegenstand auf verschiedene Abstraktionsniveau dar. Hier ist die Ähnlichkeit zur Generalisierung, aber der Fokus liegt vorerst auf verschiedenen Ebenen von der Granularität oder der Abstraktion.
- Die Abhängigkeit ist die nächste Form von Assoziationen. Sie bezeichnet die semantische Beziehung zwischen zwei Klassen, wo es eine von

der anderen abhängt. Aus diesem Grund, wenn es einige Änderungen in der unabhängigen Klasse vorgenommen wird, führt es zur Veränderung anderer Klasse.

Information Viewpoint. Activity Diagram Abb.17. beinhaltet die Prozessen und deren Ergebnissen. Die Transitionen zwischen den Prozessen können die Bedingungen bestimmen oder die Klauseln senden. Die Klauseln werden für die Bezeichnung von Transitionen, die anderen Instanzen beeinflussen. Transitionen können also auf mehrere gleichlaufende Transitionen aufgeteilt werden. Diese Gliederung ist sinnvoll für die Bestimmung von parallelen Prozessen, die in den verschiedenen Objekten gleichzeitig ausgeführt werden können. Aktivity Diagram zeigt, wie die Prozesse in detaillierter Weise implementiert werden sollen, und mit welchen anderen Objekten oder Komponenten sie interagieren können. Anders gesagt, mittels der Diagrammen es ist möglich wie Komponenten realisieren können und wie sie implementiert werden sollen.

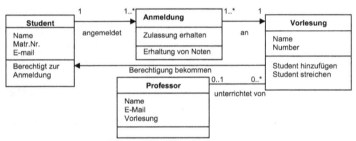

Abb.17.: UML Class Diagram

Computational Viewpoint. Computational Spezifikation beschäftigt sich mit dem Modellieren von Service Interface und von potentiellen anderen Servicen, die miteinander in der Abhängigkeit stehen.

Das Modell in Computational Viewpoint definiert solche Typen von Interface als z.B. request (reply) oder publish (subscribe). Es wird durch zwei Typen von Diagrammen, Collaborational und Activity Diagram Abb.18. dargestellt.

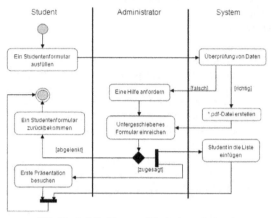

Abb.18.: Activity Diagram (Studentenaufnahme)

Collaboration Diagram konzentriert sich auf einer Struktur und auf welche Weise es bezieht sich auf die dynamischen Interaktionen. Das Konzept ist Class Diagram ähnlich in seiner Fähigkeit die interne Realisierung von Objekten zu zeigen.

Engineering Viewpoint. Engineering Viewpoint beschäftigt sich mit den heterogenen Aspekten, von der Infrastruktur der Information bis zu verteilten Systemen. Engineering Viewpoint ist sehr nah an zu dem Viewpoint mit Implementierungsdetails.

Technology Viewpoint. Technology Viewpoint beschäftigt sich mit der Bereitstellung von der technologischen Infrastruktur, die aus der Reihe von Technologie bezogen auf die Ressourcen und die Referenzen besteht. Gleich dem Engineering Viewpoint Technology Viewpoint befasst sich mit Details von Implementierung.

5. Traceability im Kontext von Viewpoints

Manchmal die Beteiligten im Projekt sehen die komplexe Darstellung von System nicht. Sie haben den Mangel an das geforderte Wissen und wissen nicht, wie man den Prozess bei dem Test, Re-Dokumentation oder Validierung verbessern kann, um den Kunden ein Produkt mit hoher Qualität zu liefern. Im Allgemeinen Traceability ist die Möglichkeit den ganzen Weg in der Entwicklung von Objekten von der Erstellung bis zur seiner Nutzung folgen. Im Kontext der Arbeit wäre es interessant das Prinzip von Traceability in und zwischen Viewpoints zu überwachen. Wie im ersten Abschnitt bereits erwähnt Traceability unterstützt das Verständnis von der Komplexität von logischen Beziehungen und Abhängigkeiten zwischen Artefakten, die während des Entwicklungsprozesses erschaffen wurden. In jedem Viewpoint wird eine Vielzahl von Artefakten generiert, die in verschiedenen Phasen der Entwicklung von Design bis zu Implementierung variieren. Frameworks mit verschiedenen Viewpoints liefern das Konzept, in dem mehrere Perspektiven in der Softwareentwicklung vorgestellt werden. In diesem Aspekt stellen Viewpoints als die Repräsentation von den Anforderungen der verschiedenen Modulen wie z.B. stakeholders mit ihren Perspektiven, Rollen in der Entwicklung usw. Wie im Abschnitt 3.1 festgestellt wird, jeder auf sein Viewpoint bezogenen Teilnehmer mit seiner Perspektive „owner" verbunden ist. Dabei er ist für die Erstellung von Anforderungsprofil verantwortlich, der in der Notation definiert wird. Die ausgewählte Strategie wird in der spezifischen Domain bestimmt. Und den gesamten Prozess in der Historie wird festgesetzt. Es wird vorausgesetzt, dass in verschiedenen Viewpoints stakeholders mittels verschiedenen Techniken ihre Anforderungen erstellen können. Frameworks mit mehreren Viewpoints laut Finkelstein et al. stellen das Konzept mit spezifischen Methoden und Tool-Integration dar.[52] Die Autoren glauben, dass der Fokus in der Unterstützung von der Konsistenz in den nächsten zwei Aspekten liegt. Erstens müssen alle Beziehungen zwischen den verschiedenen Anforderungsprofilen eindeutig ausgedrückt werden. Der zweite Aspekt zeigt die Möglichkeit und robuste Techniken für die Erhaltung von der Konsistenz oder der Transformation zwischen den Spezifikationen. Im Weiteren werden die Techniken betrachtet, die zu der Konsistenz und der Nachverfolgbarkeit beitragen sollen. Sie stellen verschiedenen Methoden, die dem Entwickler in Abhängigkeit von der Größe des Projekts, der Spezifität und anderer Faktoren eine passende Technik zu implementieren. Dabei sind Viewpoints in allen dieser Methoden als Basis für die nachhaltige Entwicklung von Software.

---

[52] Vgl. *Finkelstein, A. et al.:* Requirements Engineering Through Viewpoints. In: DRA Colloquium on Analysis of Requirements for Software Intensive Systems, S. 24.

5.1 Ursachen für die Einführung

Traceability brauchen eine Reihe von stakeholders wie Projektmanager, Designer und End-User in Abhängigkeit von ihrer Zielen und Prioritäten. In der Phase von der Erhebung von Daten und des Engineering ist es wichtig die Beziehungen zur Spezifikation abzubilden, damit die Entwicklung und die Verifikation besser zu verstehen wäre. Während des Designs müssen die Änderungen dokumentiert werden. Traceability in diesem Aspekt erlaubt diese Modifikationen nachverfolgen, bevor sie implementiert werden. Traceability gibt ebenfalls die nötige Information über die Begründung, die wesentlichen Entscheidungen und wichtigen Voraussetzungen. Beim Testen kann Traceability von den Anforderungen zu Design hilfreich bei der Erstellung von Test-Verfahren sein. Das bessere Design ist möglich, weil der Entwickler zu der komplexen Information einen Zugang hat. Mit vollständigem Traceability können die Kosten für die Umgestaltung und die Durchführung von Modifikationen vermindert werden. Darüber hinaus bei der Dokumentation nimmt das Risiko zu, wenn die Mitarbeiter das Unternehmen verlassen. Die vollständige Analyse ist leichter durchzuführen. Um die potentiellen Fehlern in Quellkode zu identifizieren, kann Traceability rechtzeitig die nötige Information liefern. Bei der Einführung von Traceability verbessert sich Change Management, weil bei der Änderung von den Kundenanforderungen den ganzen Prozess beobachtet werden kann. Dabei werden alle vorgenommenen Änderungen identifiziert. Darüber hinaus Traceability kann den Umfang von den Veränderungen auf jedem Niveau einschätzen. Es hilft die vernünftigen Entscheidungen zu treffen. Hinsichtlich der Aufrechterhaltung von dem System Traceability ist eine gute Voraussetzung für die konsistente Integration nach den Änderungen. Und einige Autoren behaupten sogar, dass das Fehlen von Traceability die negativen Effekten verursachen kann. Es führt zur Reduzierung von der Qualität des Systems, der Erhöhung von Kosten und Zeit. Und als Ergebnis vom Verlust des Wissens werden die falschen Entscheidungen, Missverständnissen und die Unstimmigkeit.

5.2 Zunehmende Notwendikeit für Traceability und Kommunikation

„Rationales and origins". Ursrünglich Traceability wurde in der Entwicklung der Sicherheit von kritischen Systemen benutzt. Jetzt es ist auch in der Entwicklung anderen Systemen verwendet. Jarke in seiner Studie gibt mit der Verweisung auf andere Autoren den Bereich der Verwendung von Traceability.[53] In Requirements Engineering sieht er die große Herausforderung in der Verbindung von „rationales and sources" zu den Anforderungen. Die Relationen zwischen Kundenwünschen und Anforderungen können auch manuell identifiziert werden, aber die automatische Technik mehr vollständige Tracing garantiert. Die Analyse der Überwachung kann die verlorenen Beziehungen des informalen Kundenbedarfs und den existierenden Elementen von Design identifizieren. Als Beispiel dafür kann die Erstellung von Traceability-Links von den neuen Kundenanforderungen und dem existierenden Design durchführen.

Mittels Traceability können sogar nichtfunktionale Anforderungen zu den Modellelementen oder Quellkode verbunden werden. Letztendlich verwandeln sich die nichtfunktionalen Anforderungen immer in Quellkode, obwohl man diese Beziehungen fast unmöglich identifizieren kann.

Nichtfunktionale Anforderungen. Zudem trägt Traceability zur Identifizierung von widersprüchlichen Anforderungen bei. Es ist immer schwierig alle abhängigen Anforderungen wegen der Skalierbarkeit abzuleiten. Und die automatische Methode der Erzeugung von Abhängigkeiten zwischen Anforderungen gegenüber ist deswegen kritisch, ob die abhängige Anforderung konsistent oder nicht ist. Traceability in diesem Kontext erleichtert die Kommunikation zwischen den involvierten in den Projekt Beteiligten. Und Requirements Management kann bei der Erfassung von geforderter Information unterstützt werden, um im Weiteren bei der Entwicklung und Überprüfung von Anforderungen nützlich zu sein.

Verifizierung von Anforderungen. Software Entwickler soll während der Verifizierung immer nachprüfen, ob die ursprünglichen Anforderungen vollständig realisiert wurden. Mittels Testszenarios können die Anforderungen völlig spezifiziert werden. Darüber hinaus Testen erlauben zu verstehen, welche Teile von der Spezifikation bereits implementiert werden und welche sind noch bis zur Implementierung zu überprüfen.

Feststellung von verloreneren Anforderungen. Es passiert in der Praxis immer, wenn einige wesentliche Kundenanforderungen versehentlich unberücksichtigt oder verloren werden. Nach der Analyse z.B. wurde identifiziert, dass einige Anforderungen für die Definition von Szenarien fehlen. Es kann bedeuten, dass der Entwickler etwas nicht in der Anforderung stehende Elemente implementiert oder überhaupt ohne Berücksichtigung gelassen hat. Dabei stellt man die Beziehungen zwischen den Anforderungen der wichtige Aspekt in der Konsistenz von Softwareentwicklung dar.

---

[53] Vgl. *Ramesh, B., Jarke, M.:* Toward Reference Models for Requirements Traceability. In: IEEE Transaction on Software Engineering, Vol.27 (2001), S. 63.

Bestimmung von „change impact". In der Realität ist ganz normal, wenn einige Anforderungen sich verändern. Dabei diese Änderung führt zur Umwandlung anderer abhängigen Anforderungen (Quellkode oder Design-Elemente), die auch berücksichtigt werden müssen. Der Prozess hat eine rekursive Eigenschaft und wenn in unserem Fall die Quellkode sich geändert, dann führt es auch zur Umgestaltung der Elementen von Design.

Verständnis von Intensität der Abhängigkeit. In diesem Kontext betrachtet die Intensität als die Bedingung, wie viele Klassen, Methoden oder Quellkode-Zeile zwei Artefakten gemeinsam haben. Es ist selbstverständlich, dass die verschiedenen Traceability-Links zueinander in verschiedenen mehr oder weniger Abhängigkeiten bestehen. In diesem Aspekt ist die Benutzung von prozentueller Abhängigkeit erforderlich. Wenn z.B. zwei Anforderungen hinsichtlich ihrer gemeinsamen bezogenen Artefakten überschneiden sich nicht, dann haben sie keine Wirkung aufeinander. Und im Gegenteil, wenn die Artefakte werden hundertprozentig von beiden bezogenen Anforderungen benutzt, dann existiert es die vollständige Abhängigkeit. Und bei jeder Änderung von einer Anforderung müsste man auch die Einwirkung auf die andere berücksichtigen.

Definition von wesentlichen Artefakten. Unter besonderer Aufmerksamkeit sollen sehr komplexe und wichtige Artefakten behandelt werden. Die Wichtigkeit von dem entwickelnden Artefakt hängt davon ab, wie viele andere Artefakte es beschränkt. Und die Komplexität ist von einem Artefakt hängt von der Anzahl ihn beschränkenden Artefakten. Traceability in diesem Zusammenhang stellt genau diese Arten von Kriterien fest.

Abgleich von Granularität der Anforderung. In der frühen Phase des Projektes die Stufe von Anforderungen wird ziemlich generisch. Erst im späteren Stadium wird sie immer komplexer und spezifischer. Mittels Traceability ist es einfach festzustellen, welche Anforderung generisch ist. Damit wird es dem Entwickler leichter die Differenzen bei der zunehmenden Genauigkeit herauszufinden.

Erkennung von Inkonsistenzen. Im Abschnitt 4.2 wurden festgestellt, dass Viewpoints-Konzept die Inkonsistenzen verursacht. Die Erstellung von Links macht es möglich, die Identifizierung von Inkonsistenzen zwischen verschiedenen Artefakten in nächsten Aktivitäten als Spezifikation, detaillierte Dokumentation von Design, Testen durchzuführen. Inkonsistenz bedeutet, dass sich ein Element in der Software Entwicklung wie ein Dokument oder Quellkode nicht auf seinen Vorgänger oder Nachfolger bezieht. Als Beispiel dafür kann die Softwareanforderung im Pflichtenheft, die entweder nicht im endgültigen Produkt konstruiert ist oder keine Verbindung zum Testfall hat, sein.

Verantwortlichkeit. Die Beziehungen zwischen Artefakten mittels Traceability während des Designs, Implementierung oder Verifizierung kann das Verständnis von Kundenanforderungen unterstützten. Dabei ist es möglich mittels Traceability sowohl intern als auch extern die regelmäßige Kontrolle durchzuführen, um zu prüfen, dass die assoziierten mit Testfällen Kundenanforderungen erfolgreich verifiziert wurden. Alle diese Möglichkeiten erhöhen das Vertrauen zu Endprodukt und verbessern die Kundenzufriedenheit. In diesem Aspekt die Information von Tracing kann für die Erstellung von Subverträgen beitragen. Traceability kann als eigenständiger Auftraggeber sein, um die Abgeschlossenheit von jeder Anforderung zu demonstrieren. Als weiterer Vorteil von diese Methode besteht darin, dass es möglich die aufwendigen und unnötigen Eigenschaften von Softwaresystem vorzubeugen.

Change Management. Die sorgfältige Dokumentation zwischen Anforderungen und anderen im System Artefakten unterstützt das Change Management. Mittels Traceability ist es einfach die Beziehungen zwischen verbundenen Elementen von Design und dementsprechend einen Teil von Quellkode als Ergebnis von der Änderung zu definieren.

Quantitative Analyse in Bezug auf Traceability. Auch quantitative Analyse kann mittels der erstellten Daten von Traceability durchgeführt werden. Die ermittelten Daten können für das Management des Projektes benutzt werden. Als Beispiel dafür kann entweder eine Abschätzung davon, inwieweit das Projekt vorangetrieben wurde (prozentuelle Einschätzung von Anforderung, die konstruiert, implementiert und getestet wurden) oder eine Unterstützung für die möglichen Versionen sein.

Verifikation und Umgestaltung des Softwaresystems. Einen Vorteil von Traceability besteht in der vollständigen Dokumentation zwischen abhängigen Artefakten. Am Ende der Softwareentwicklung ist es sich darüber zu vergewissern, ob das endgültige Produkt den Softwareanforderungen übereinstimmt. Dieser Prozess garantiert, dass Softwaresystem die Kundenerwartungen unter gemäß der Betriebsbereitschaft erfüllt. Bei der Reuse-Analyse wird die Entwicklungsdokumentation hinsichtlich der Übereinstimmung von gezielter Domain (Programmfehlerfreiheit, Kundenanforderungen, Betriebskonfiguration, Sicherheit, Schnittstelle usw.) erfüllt wurde.

Speicherung von der Information. In der Regel ein Viewer im Projekt hat nur eine beschränkte Vision darauf, was im Projekt abläuft. Und er ist nur im eigenen Bereich kompetent. Es ist nicht selten, dass inmitten des Projektes die Menschen mit ihrem Wissen es verlassen. Und die partielle, nicht dokumentierte Information verschwindet zusammen mit ihnen. Es macht die Aufrechterhaltung des Systems schwieriger. Überdies Mangel an der Information von Traceability erschwert die Integration von hinzukommenden neuen Beteiligten. Als Ergebnis es führt zum Verlust von der Information, zu den falschen Entscheidungen, zum Missverständnis und dem Fehlen von Kommunikation. Auf diese Weise die dokumentierte Information von Traceability verhindert der Verlust von wichtiger Information im Unternehmen. Domges und Pohl bezeichnet den nächsten Profit für die Aufrechterhaltung des Systems.[54] Traceability ist die Voraussetzung für effektive Aufrechterhaltung des Systems und konsistente Integration. Anders gesagt, das Projekt erhält den negativen Effekt im Ergebnis, wenn es Traceability nicht getan wurde. Alles dies führt zum Nachlassen in Qualität, verursacht die Korrekturen, was zu erhöhten Kosten und Zeit führt.

Während des Design ermöglicht Traceability dem Designer den Überblick behalten darüber, was es passiert wurde, wenn es die Änderungsanforderung, bevor das System umgestaltet ist, implementieren wurden. Traceability ist dann hilfreich, wenn es das Design und die Begründung, wichtige Entscheidungen und die Annahmen und die erzielten Ergebnissen verbunden kann. Systementwicklung erfordert besseres Verständnis von Anforderungen bei der Verfolgung rückwärts zu deren Quellen. Wegen der Tatsache, dass Traceability den Querverweis zwischen Instanzen im Anforderungsprofil und Spezifikation von Design erleichtert, mehr präzise Kosten können kalkuliert werden. Zum Schluss die Prozeduren beim Testen können bei der Identifizierung von Fehlern modifiziert werden, wenn sie verfolgbar sind.

Leon zeichnet in seiner Studie eine Reihe von Vorteilen, die Traceability mit sich bringt, aus.[55] Die gesamte Analyse von Prozessen ist leichter zu auszuführen. Das bessere Design ist das Ergebnis von Requirement Traceability, wenn alle geforderte Information der Entwickler verfügbar ist. Die Umgestaltung von Quellkode auf späteren Phasen der Entwickler verursacht die hohen Kosten. Traceability erlaubt früher alle potenziellen Probleme im Prozess herauszufinden. Leon stellt fest, dass alle diese Vorteile großenteils an den Tag nach der Einführung des endgültigen Produkts kommen. Im Bezug auf Zusammenhang der Beziehungen zwischen Artefakten auf verschiedenen Phasen der Entwicklung Ecklund et al. bezeichnet, dass es mittels Traceability möglich das Ausmaß von Änderungen auf allen geprüften Ebenen einzuschätzen ist.[56] Und das Verständnis von der Größe der Änderungen in allen Views macht es möglich,

---

[54] Vgl. *Domges, R.; Klaus, P.*: Adapting traceability environments to project-specific needs. In: Commun. ACM (1998), S. 54.
[55] Vgl. *Leon, M.*: Staying on Track. In: Intelligent Enterprise 2000, S. 54.
[56] Vgl. *Ecklund, et al.*: Change cases: use cases that identify future requirements. In: Proceedings of the eleventh annual conference on Object-oriented programming systems, languages, and applications (1996), S. 352.

gut überlegte Entscheidungen, über wie und was zu ändern ist, zu treffen. Gotel und Finkestein bezeichnet zwei Aspekte von Traceability: Pre- und Post-Traceability.[57] Pre-Traceability befasst sich mit diesen Aspekten von der Anforderung, wo sie nicht direkt in die Anforderungsspezifikation einbezogen sind und hat der Fokus auf besseres Verständnis von der Anforderung.

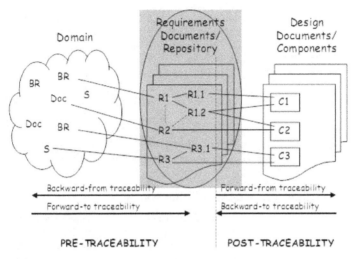

Abb.19.: Verschiedene Typen von Traceability.

In Pre-Traceability die Anforderungen sind mit urprünglichen Anforderungen verbunden, um das bessere Verständnis von aktuellen System und Software zu gewähren. Zu den letzten gehören unter anderem die Anspruchspersonen (S), Business-Regeln (BR) oder vorangegangene Dokumentation (Doc). Post-Traceability definiert solche Aspekte von Anforderungen, die bereits in Anforderungsspezifikation und weiter einbezogen sind. Damit wird es sichergestellt, dass alle Anforderungen mittels Design und Implementierung erfüllt werden. In Post-Traceability die Anforderungen werden mit den Testfällen geprüft. Es wird auf diese Weise garantiert, dass diese Komponenten den Anforderungen in vollem Maße entsprechen. Außer diesen zwei Aspekten von Traceability Davis klassifiziert Traceability in die folgenden vier Typen in Abb.19:[58]

---

[57] Vgl. *Gotel, O.; Finkelstein, A.*: An Analysis of the Requirements Traceability Problem, Proceedings of 1st International Conf. on Requirements Engineering, IEEE(1994), S. 98.
[58] Vgl. *Davis, A.*: The analysis and specification of systems and software requirements. In: Systems and Software Requirements Engineering, IEEE Computer Society Press (1990), S. 119.

- „Forward from the traceability" kann angewendet werden, wenn die Anforderung zu einem oder mehreren Komponenten des Systems angeordnet werden. Dadurch die Komponenten sind zuständig für die Anforderung und stellen gute Voraussetzung für die Analyse von Änderung der Anforderung. Es verknüpft dabei die Anforderung mit Design- und Implementierungskomponenten.
- „Backward to the traceability" ist erfüllt, wenn die Einhaltung von System oder Systemkomponenten rückwärts zur Anforderung geprüft werden. Damit es wird gezeigt, dass die Anforderung für das System getestet und verifiziert wird.
- „Forward to the traceability" kann definiert werden, wenn die Kundenanforderungen und technische Voraussetzungen mit einer oder mehreren Anforderungen verbunden sind. Es kann z.B. unter anderem die Dokumentation in der Form von der manuellen Beschreibung, die die Funktionalität des Systems beschreibt.
- „Backward from the traceability" hat die Möglichkeit die Kundenanforderungen oder technische Voraussetzungen zu bewerten. Es verknüpft die Anforderungen zu deren Quelle in Spezifikation.

5.3 Konzeptuelles (Referenz-) Tracemodell

Metamodell definiert die Sprache, die Traceability-Modell beschreiben kann. Es wurde von Ramesh eine Metaklasse „Stakeholder" und ihre Instanzen (z.B. Kunden) identifiziert. Das ganze Modell bezeichnet die wesentlichen Aspekte von Traceability. In der Abbildung präsentiert man die Grundsprache für die Kategorisierung und Beschreibung Traceability-Modell (TM) in detaillierte Weise. In TM kann Instanzen und Links spezifiziert, um organisatorische oder spezifische Tracemodell zu konstruieren. Metamodell kann die nächsten Dimensionen von Traceability Information repräsentieren.

- Was für eine Information (Attributen oder Charakteristik) ist dargestellt. Im Modell Object wird durch Input und Output vom Prozessen der Systementwicklung. Als Beispiel dafür können Anforderung, Annahme, Design, Systemkomponenten, Entscheidungen, Alternativen, Kritische Erfolgsfaktoren (KEF) usw. Objects werden durch die verschiedenen organisatorische Aufgaben (Systemanalyse oder Design-Aktivitäten) erstellt. Diese Information kann als Attributen von Objects präsentiert werden. Traceability quer verschiedenen Objects ist durch „Trace-To" dargestellt. Als Beispiel dafür kann „Depends-On" zwischen zwei Objekten (Anforderung und Annahme) als eine Spezialisierung von „Trace-To"-Link sein.

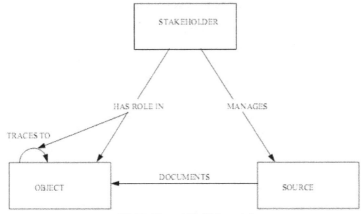

Abb.20.: Traceability Metamodell

- Wer spielt welche Rolle in der Entwicklung, Aufrechterhaltung und Anwendung von verschiedenen Objekten und Traceability-Links zwischen denen. Im Modell Stakeholder repräsentieren die aktiven Beteiligten und involvierten in das Projekt Menschen, wie Projektmanager, Systemanalyst oder Designer. Diese Menschen interagieren in verschiedenen Rollen bei der Entwicklung von System und benutzen die verschiedenen konzeptuellen Objekten und Traceability-Links. Wo wird diese Traceability-Information präsentiert. Alle Objekten sind durch ihre „Source" dokumentiert, wie physisch gespeichert werden könnte oder immaterielle Dinge wie eine Referenz zu den Menschen oder nicht dokumentierte Prozeduren und Strategien. Referenzmodell gilt als ein Prototyp für die Entwicklung von bestimmter Domain. Dabei wählen die Entwickler die relevanten Teile von Referenzmodell und passen sie entsprechend der Konfiguration an. Gemäß den Untersuchungen, Referenzmodelle können in der Entwicklungsphase 80% aller Kosten ersparen Abb.20, 21, 22.[59] Es wurde von Ramesh mehrere empirische Studien durchgeführt, aus denen zwei verschiedene Gruppen, „low-end" und „high-end", definiert wurden. Erste Gruppe wird durch die nächsten Charakteristiken ausgeprägt: traceability-Erfahrungen sind bis 2 jahren definiert, die Komplexität von System ist ungefähr bis 1000 Anforderungen. „Low-end"-Users betrachten Traceability als einen Auftrag von Kunden und benutzen lediglich das Traceability-Schema,

---

[59] Vgl. *Ramesh, B.; Jarke, M.:* Toward Reference Models for Requirements Traceability. In: IEEE Transactions on Software Engineering, Vol. 27 (2001), S. 63.

um die Abhängigkeiten zwischen der Anforderung, Systemkomponenten und Verifizierung der Konformität des Systems zu identifizieren. Typischerweise „low-end"-Users betrachten Traceability als Mittel zur Verbindung von Traceability zu den aktuellen Systemkomponenten, die diese Anforderungen erfüllen sind. Dabei wird die Anforderung des „low-end"-Niveaus von „end-end"-Niveau präzisiert. Während der Identifizierung, welche Komponente durch welche Anforderungen genügen sind und welche Anforderungen von welchen Komponenten abgebildet sind, kann der Entwickler die entsprechenden Anforderungen überprüfen.

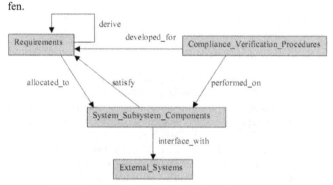

Abb.21: "Low-end" Traceability Modell von Ramesh

In der Phase von Verifizierung der Konformität des System „low-end"-Users benutzen die Daten von Anforderung, um die solchen Prozeduren als Testen oder Simulation durchzuführen. Wenn es einige Änderungen in der Anforderung durchführen sollte, Traceability kann die Prozeduren für die Verifizierung der Konformität identifizieren, die modifiziert oder umgestaltet werden sollten. Die Ergebnisse von Testen werden für die Verifizierung von der Arbeitsfähigkeit des Systems benutzt, ob alle Anforderungen erfüllen sind. Dabei die Systemkomponenten sind von anderen Komponenten abhängig und werden mittels des Interface externer Systemen gezeigt. Diese Information wird in der Auswertung benutzt, auf welche Weise die Anforderung von Systemkomponenten entspricht.

Ramesh zeichnet in „High-end" Traceability die nächsten Charakteristiken aus. Die Komplexität des Systems beträgt mehr als 10 000 Anforderungen und die Erfahrungen mehr als 5 Jahren. Es wird bei „high-end" Traceability mehr Traceability-Schemas mit verschiedenen Information benutzt. Aus diesem Grund „high-end" Traceability unterscheidet sich in vier Komponenten:

Submodell von Anforderungsmanagement, logisches Submodell, Submodell der Design-Allokation und Submodel der Verifizierung von Konformität. „High-end"-Users charakterisieren Traceability als die wichtige Komponent von der Qualität der Systemanalyse und setzten umso mehr Traceability-Schemas ein. Und dadurch wird mehr präzise Argumentation in Traceability.

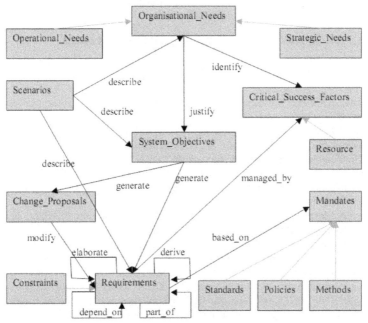

Abb.22.: Submodell von Anforderungsmanagement

Mittels Submodell von Anforderungsmanagement die Erfüllung von Anforderung kann durch den ganzen Prozess überprüft werden, um das Verständnis den Beteiligten zu geben, ob das entwickelte System die KEF unterstützt. Wie man aus der Abbildung sieht, das Modell schließt die nächsten Teile ein: organisatorische Anforderungen, die in Szenarios detailliert sind; Systemanforderungen werden durch organisatorische Anforderungen begründet; die Anforderungen werden von Systemanforderungen abgeleitet; organisatorische Anforderungen definieren KEF und Ressourcen; die Anforderungen werden durch KEF geleitet und basieren auf Standards, Methoden und Strategien; „lower"-Niveau wird durch „high"-Niveau abgeleitet; komplexe Systeme werden in einige Komponenten geteilt. Das

Modell von Ramesh stellt eine wesentliche Herausforderung im Verständnis von den Beziehungen zwischen den Anforderungen, Szenarien und Beschränkungen. Mittels dieses Submodell kann verstehen, welche Stelle nimmt den ganzen Prozess von Traceability in der Softwarearchitektur. Der Mangel von umfassendes Traceability laut Ramesh ist die Unfähigkeit von System die verbundenen mit Zielen Komponenten zu identifizieren und gemäß der aktuellen Anforderungen zu modifizieren.

5.4 Klassifikation von Traceability-Links laut Ramesh

Ramesh definiert Traceability-System als ein semantisches Netzwerk mit den Knoten (stakeholders und deren Anforderungen) und den Beziehungen in der Form von Traceability-Links der verschiedenen Typen und der Intensität in Abb.31(Anhang).[60] Um die eindeutige Definition von Kundenanforderungen und Traceability-Links zwischen ihnen zu definieren, wurde von den Autoren eine Klassifikation von Links durchgeführt. Laut Ramesh es existiert kein systematischer Unterschied in der Praxis zwischen Links. Und die meisten von Tools stellen das Konzept in relationalem Kontext wie rationale Datenbanken oder Excel-Spreadsheets. Von den Autoren wurde ein einfaches Modell für das Definieren von Links erstellt. Zu der ersten Gruppe gehört man die Beziehungen und die Mechanismen, die als die produktbezogen Elemente genannt werden könnte. Hier spielt die Ursache und das Verfahren der Erstellung die hauptsächliche Rolle. Die Objekte, wie die Anforderungen, die Prinzipen, die Standards und die komplexen Objekte, definieren eine Art von den Beschränkungen und den Zielen, die durch „SATISFIED_BY"-Beziehungen durch eine oder mehrere Objekte auf unterem Niveau befriedigt werden sollten. Die zusammenhängenden Beschränkungen oder Zielen setzen die Abhängigkeiten „DEPENDENCY" zwischen den Objekten auf dem unteren Niveau voraus. Dabei die Abhängigkeiten können in der Form von der Generalisation oder der Aggregation auftreten. Und wenn es um die „low-end"-Users geht, dann charakterisiert in vollem Maße diese Art von Beziehungen zwischen Objekten und Traceability-Links.

Die zweite Art von Traceability-Beziehungen stellen als prozessbezogene Objekte. Der Grund dafür war es, dass diese Relationen nur von dem Prozess oder seiner Historie identifiziert werden können. Die prozessbezogenen Beziehungen können nicht von der Produkt und seiner Anforderungen abgeleitet werden. Im Gegenteil zu der ersten Klassifikation die prozessbezogenen Objekte haben ein zeitlicher Aspekt. Ein Objekt auf dem unteren Niveau wird durch

---

[60] Vgl. *Ramesh, B.; Jarke, M.:* Toward Reference Models for Requirements Traceability. In: IEEE Transactions on Software Engineering, Vol. 27 (2001), S. 49.

„RATIONALE", das auf höherem Niveau definiert wird, umgewandelt. Aus diesem Grund wird diese Art von Links während der Entwicklung des Projektes. Es ist andere Kategorie von Beziehungen und deswegen sind von dem Entwickler bei der Lösung von spezifischen Aufgaben benutzt. Wie man aus der Abb.31 deutlich sieht, „low-end"-Users benutzen die Beziehungen hauptsächlich in dem produktbezogenen Bereich und die Fachspezialisten interessieren sich für die Relationen, die während des Prozesses erstellt wurden.

5.5 Traceability Techniken

Es werden die zahlreichen Techniken wie Traceability-Matrix, Hypertext, Templates usw. für die Unterstützung von Traceability in der Praxis verwendet. Sie unterscheiden sich in der Vielfalt von der Information, die nachverfolgt werden könnte, in der Zahl von Beziehungen zwischen Artefakten und in dem Umfang, der unterstützt wird. Die einigen Formen von Traceability-Techniken können in der Benutzung von bestimmten Sprachen, Modellen und Methoden für die Entwicklung differenziert werden.

ARM. Modellierung von Softwarearchitektur fordert laut Tang und Han unter anderem die Erfüllung solcher Voraussetzungen wie Traceability, Nachprüfbarkeit und Vollständigkeit Abb.38, 39 (Anhang).[61] Es wurde von den Autoren die Rationalisierungsmethode (ARM) entwickelt. Die Methode betrachtet qualitative und quantitative Prinzipen für die Auswahl von passendem Architekturdesign. In Abb.38 in UML-Diagramm „Architecture Rationale" (AR) bezeichnet man als einen Artefakt, um die Anforderungen und die Prinzipen von Design zu speichern. Die grundlegenden Charakteristiken laut Autoren liegen in der Verifikation und der Ablaufverfolgung von der Architektur. Die Instanz von AR beinhaltet „reasons and references" und als Bsp. die Anforderung von Business View kann zu den Elementen von Design in Computation View durch „trace" verknüpft werden. Qualitative Rationale beschreibt man in dem textuellen Format über die Auswahl von Design. Quantitative bezieht sich auf die Kosten, Vorteilen und Risiko des betroffenen Designs. Szenarios zeigen die zusätzliche Bedingungen und die speziellen Fälle. In ARM benutzt man topdown-Methode mit zwei Techniken wie „requirement refinement" und „architecture decomposition".

Der Prozess von Design fordert die Verfeinerung von der funktionellen Anforderungen (FA). In diesem Zusammenhang benötigt man auch die Erfüllung von nicht funktionellen Anforderungen (NFA) wie z.B. die Qualität des Systems als die Reabilität oder die Performance. Die verfeinerten Anforderungen

---

[61] Vgl. *Tang, A.; Han, J.*: Architecture Razionalization: A Methodology for Architecture Verifiability, Traceability and Completeness. In: ECBS (2005), S. 135.

sind mit AR als einen Teil von ARM verbunden. Dabei haben stakeholders die bessere Übersicht über den ganzen Prozess und können die Veränderungen nachvollziehen. Die vereinbarten NFA werden ihrerseits in Business View abgespeichert. Dabei dokumentiert AR alle Beziehungen und die Prinzipen von der verfeinerten NFA zu den wesentlichen FA. Zu der Aufgabe von AR gehört auch die Verbindung von bezogenen Anforderungen und den Komponenten von Design.

Die Softwareentwicklung ist ein iterativer Prozess. AR werden laut Tang während der Iterationen von „decomposition" mit dem zunehmenden Niveau von Details erstellt. Dabei können die Links die Beziehungen zwischen Anforderungen und Komponenten von Design und zwischen einzelnen Komponenten verknüpfen. Die Methode verfolgt einige Ziele wie: die Beziehungen zwischen FA, NFA und Design gespeichert sind; Die Entscheidungen hinsichtlich der Auswahl von Design sind voll rational; das Vorhandensein von Tracing-Links sind für die Modelle garantiert; ARM kontrolliert die Vollständigkeit des Systems.

Value Based Traceability Technik (VBRT). In der Praxis es existiert in Traceability-Techniken keinen Unterschied darin, welche Anforderung wesentlich und welche wenig wertvoll für die Traceability-Anforderung. Das Ziel von VBRT ist es die Identifizierung von der Ablaufverfolgung oder „traces", die man als vorrangige und bedeutende Anforderungen als die anderen in Abb.32.(Anhang) betrachten kann.[62] Der Wert von Tracing hängt davon ab, inwiefern wichtig es „stakeholders" sind, von dem Risiko oder Volatilität der Anforderung oder wie hoch können die Kosten für die Einsetzung von Traceability sein. Es wurde im Abschnitt 5.3 darüber diskutiert, welche Gruppen der Traceability von Ramesh identifiziert wurden. „Low-end"-Gruppe stellt Traceability Information gleich für alle Anforderungen dar. Aus diesem Grund dieser Typ von Traceability ist sehr aufwendig. Im Gegensatz dazu „high-level"-Traceability behandelt Tracing im Bezug auf sein Relevanz und Wichtigkeit. Deswegen diese Methode unterstützt Traceability für kritische Anforderungen, um die Aufwendungen unter Kontrolle zu halten und daraus einen Vorteil zu ziehen. VBRT-Methode nimmt die gleiche Stellung wie bei „high-level"-Vorgehensweise. Heindl ist der Meinung, dass die Identifizierung von Traceability in der frühen Phase leichter als in de späteren Entwicklungsstufe. Damit wird es von VBRT die Reduzierung von Traceability-Aufwänden sichergestellt. In der Abb.32 von Heindl werden die Aktivitäten, Prozessen, Ak-

---

[62] Vgl. *Heindl, M.; Biffl, S.*: A Case Study on Value-based Requirements Tracing. In: Proceedings of the 10th European software engineering (2005), S. 62.

teuren und Ergebnissen von VBRT gezeigt. VBRT-Methode schließt 5 iterative Stufen:

- Requirements Definition. Während dieses Prozesses Projektmanager oder analysiert die Anforderungsspezifikation von Software, um die wesentliche detaillierte Anforderungen zu identifizieren. Es wird weiter vom Projektmanager jeder ID zu jeder Anforderung zugeordnet. Zum Schluss wird eine Liste von Anforderungen mit ihren ID-s erstellt.
- Prioritäten zwischen Anforderungen. Es werden während dieser Stufe von allen „stakeholders" den Wert, das Risiko und die Ergebnisse von jeder Anforderung eingeschätzt. Als Ergebnis wird eine Liste mit vorrangigen Anforderungen auf drei Prioritätsniveau erstellt.
- Kapselung von Anforderungen. Dieser Schritt ist optional und erlaubt dem Softwareentwickler die Clusters von Anforderungen identifizieren. Clusters werden für die weitere Entwicklung und die Verfeinerung von Softwarearchitektur verwendet.
- Beziehungen zwischen Artefakten. Während dieser Phase die Entwickler definieren die Beziehungen zwischen Artefakten und Anforderungen. Es wird weiter die wesentlichen Anforderungen mehr detailliert. Diese wichtigen Anforderungen werden auf drei Prioritätsniveaus definiert. Als Ergebnis dieser Stufe ist die Erstellung von Traceability-Plan.
- Auswertung. Projektmanager kann den erstellten Plan für verschiedenen Zwecke als z.B. die Auswirkung von Änderungen benutzt.

Feature-Oriented Requirement Tracing (FORT). Tracing von Anforderungen registriert unter anderem die Abhängigkeiten und logische Beziehungen zwischen individuellen Anforderungen und anderen Systemelementen. Die bestimmten Artefakte wie Anforderungsspezifikation, Dokumentation von Design, Quellkode oder Test-Cases werden während der Entwicklung von Software erstellt. Es ist schwer zu entdecken, welche Teile von Software Engineering verändert werden. Die Methode von FORT fördert die Steuerung von Links durch die Priorität von Anforderungen entsprechend der Kosten und Ergebnissen Abb.33, Tab.4. (Anhang).[63] FORT generiert die Abhängigkeiten in Tracing einschließlich „value consideration" und „intermediate catalyse" unter Verwendung von Eigenschaften. Die letzten können durch Domain von Technologie, Implementierungstechnologie oder Betriebsumgebung definiert werden.

Abb.33 zeigt die Erstellung von Traceability-Links durch die Verbindung von Artefakte und ihre Eigenschaften, Anforderung von „group user" zu Eigen-

---

[63] Vgl. *Ahn, S.; Chong, K.:* Requirements Change Management on Feature-Oriented Requirements Tracing. In: Lecture Notes in Computer Science (2007), S. 300.

schaften. Die Eigenschaften haben ihren einzigartigen Name und gestellt aus dieselben Kategorien zusammen. Die Kategorien haben eigene Eigenschaften, die während der Softwareentwicklung abgebildet werden. Sie werden bei verschiedenen Beziehungen verbunden wie „composedof", „generalisation/specialisation", „implementedby", „optional/alternative". Jede Eigenschaft hat ihre eigene Priorität gemäß den Ergebnissen von dem Wert und Risiko. Die Priorität wird durch drei Arten von Niveau hinsichtlich der Granularität von Artefakte wie „low, medium, high" gegliedert. Sie werden für die Erstellung von Traceability-Links gebraucht.

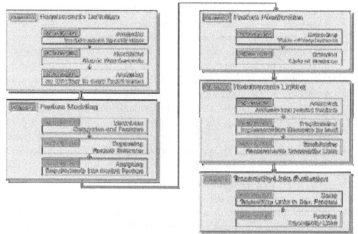

Abb.23.: FORT-Prozess

Requirements Definition. Die Phase besteht aus drei Schritten: Analyse von Anforderungsspezifikation, detaillierte Identifizierung von Anforderungen und Zuordnen ID zu jeder Anforderung. Das Ziel von Definition ist die Standardisierung von der Anforderungsspezifikation, um die in verschiedenen Artefakten abzubilden. Um dies zu erzielen, die Anforderungsspezifikation wird anhand detaillierter Methode analysiert. Und als Ergebnis dafür wird eine Liste von Anforderungen mit ID zusammengestellt.

Tab.2.: Prioritätsniveau und Klassifikation von Artefakten

Level	Granularity	Classification of Artefacts
1	Low	Components
2	Medium	Class
3	High	Methods

Feature Modelling. Diese Phase besteht auch der Identifizierung von Kategorien und Eigenschaften, der Erstellung von Eigenschaftsdiagrammen und die Zurodnung, bezogenen auf eigenen Eigenschaften, Anforderungen. Laut der Autoren, Eigenschaftsdiagrammen werden bei der Definition von Kategorien in Target-System und Eigenschaften in jeder Kategorien systematisiert. In dieser Phase werden die Beziehungen zwischen den Eigenschaften in Betracht gezogen. Zum Schluss werden alle Anforderungen zu jeder Eigenschaft zugeordnet. Als Ergebnis ist die Eigenschaftsdiagramm und eine Liste von Eigenschaften.

Erstellung von Prioritäten der Eigenschaften. Diese Phase besteht aus zwei Schritten: die Einschätzung des Wertes der Anforderung und die Anordnung von Eigenschaften. Die Priorität jeder Anforderung wird durch ihren Wert, Risiko und Ergebnissen erstellt. Danach werden alle Eigenschaften gemäß ihrer Prioritet in die Tabelle eingestellt.

Requirements linking. Die Phase besteht aus drei Aktivitäten: Zuordnung von Artefakten zu bezogenen Eigenschaften, Gliederung der Implementierungselementen gemäß dem Niveau und die Ermittlung von Traceability-Links. In dieser Phase Links werden generiert und alle Artefakten zu bezogenen Eigenschaften zugeordnet. Die ermittelten Traceability-Links sind in Wirklichkeit die Beziehungen zwischen Anforderungen, Eigenschaften und Artefakten. Es wird mehr Wert auf die wesentlichen Anforderungen als weniger wichtigen Anforderungen gelegt. Als Ergebnis davon wird die Liste mit Traceabiliy-Links zusammengestellt.

Traceability links evaluation. Die Phase besteht aus zwei Aktivitäten: Usability von Traceability-Links in der Entwicklungsprozess und deren Verfeinerung. Während dieser Phase man benutzt die Links, um die Konflikte zu analysieren und die Konsistenz von Links zu prüfen.

Pre-RS Tracing. Die Anforderungen werden gemäß ihren Quellen geprüft, die hauptsächlich unstrukturierte Information haben. Traceability zwischen Anforderungen und deren Quellen laut Ravichandar et al. ist die große Herausforderung in der Unterstützung von Konsistenz.[64] Die Methode basiert auf „capabili-

---

[64] Vgl. *Ravichandar, R. et al.:* Pre-Requirement Specification Traceability: Bridging the Complexity Gap through Capabilities. In: TEFSE/GCT (2007), S. 1.

ty engineering", was als der Prozess für die Entwicklung von tolerantem zu Änderungen System unter Verwendung von funktionalen Abstraktionen, bekannt als „capabilities", ist. Es basiert auf drei Phasen: „problem-, transition- und solution space".

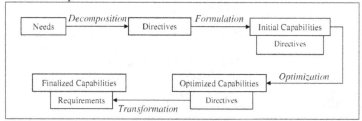

Abb.24.: Prozess von "capability engineering"

Der Problembereich präsentiert das Konzept, das mit Problemdomain verbunden ist. Laut Autoren es ist zwei wesentliche Entitäten: Bedürfnisse und Anweisungen. Erste sind die Views von Users. Anweisungen können als die detaillierten Charakteristiken vom System oder die Anforderungen mit kontextbedingten Information sein. Sie haben zwei wichtige Aufgaben. Erstens sie bilden die Domain Information ab und zweitens unterstützen den Übergang zum Bereich der Transition. In dieser Phase die Bedürfnisse von Users werden in weitere Teile mit der Hilfe von funktionaler Zersetzungsdiagramm gegliedert. Diagramm unterstützt Traceability-Links zwischen Bedürfnissen und Anweisungen. Und wenn die Anforderungen werden verändert, dann können sie mithilfe von Diagramm identifiziert werden.

Übergangsbereich. Laut der Autoren diesen Bereich wird als gemeinsame Aggregation von View des Systems, Fähigkeiten und Problemdomain definiert. Es sind zwei wesentliche Entitäten in diesem Bereich: initiale und optimierte Möglichkeiten. Formulierung und Optimierung sind zwei wesentliche Fähigkeiten in diesem Prozess. Die initiale Fähigkeit ist die funktionale Abstraktion mit hoher Kohäsion und niedriger Verkopplung, während die optimierten sind die Technologierestriktionen wie Ausführbarkeit und Implementierungsverordnungen. Mittels der Formulierung werden initiale Fähigkeiten als Input von der Optimierung von allen möglichen Abstraktionen identifiziert. Die Optimierung definiert ein Set, das am besten zu den Restriktionen passt. Die Prozesse von Formulierung und Optimierung unterstützen Traceability-Links zwischen Anweisungen, initialen und optimisierten Fähigkeiten.

CE Phase	Entities	CE Activity	Input	View
Problem space	Needs, Directives	Decomposition	User needs	User
Transition space	Initial Capabilities, Optimized Capabilities	Formulation, Optimization	FD graph	System
Solution space	Finalized Capabilities (Requirements)	Transformation	Optimized Capabilities	System

Tab.3.: Pre-RS Tracing Prozess

Lösungsraum. Hier werden die Anforderungen von Users als Gegenstand für die Qualität von Restriktionen. Zu letzten gehören unter anderem Systemstabilität, Nachprüfbarkeit, Fehlerfreiheit und Eindeutigkeit. Als Input werden optimierte Sets von „capabilities" mit Anweisungen, die weiter zu Anforderungen transformiert werden.

Die Methode ist eine effektive Möglichkeit für die Unterstützung nur die kritischen Anforderungen.

Event-Based Traceability (EBT). Es wurde von Cleland et al. Abb.34 (Anhang) ereignisbasiertes Traceability vorgeschlagen.[65] Der Hauptgrund für die Entwicklung von der Methode war die sorgfältige Aufrechterhaltung von Traceability-Beziehungen. Die Autoren definieren die Relationen in Traceability als „publisher-subscriber"-Beziehungen. In solcher Art von Relation der abhängige Objekt oder Artefakt soll sich zu der entsprechenden Anforderung, von der er abhängt, anmelden. Jedes Mal wenn es die Änderungen vorgenommen werden, die Nachricht von entsprechendem Ereignis veröffentlicht wird, die dann zu allen abhängigen Objekten avisiert werden. Laut der Autoren es sind die drei wesentlichen Komponenten, die in dem ganzen Prozess berücksichtigt werden, Manager von Anforderungsmaßnahmen, Event-Server und Manager von „subscriber". Die Abbildung von Autoren zeigt, dass der Anforderungsmanager die Anforderungen verwaltet. Er ist auch dazu verantwortlich, bei allen vorgenommenen Änderungen die Nachrichten von allen Ereignissen publizieren. Event-Server ist seinerseits für die drei wichtigen Aktivitäten zuständig. Er bearbeitet die Subskriptionen von den abhängigen Objekten. Zu seiner Aufgaben gehört es unter anderem die Nachrichten von Anforderungsmanager aufzunehmen und weiter zu publizieren und weiterzuleiten zu relevanten Subskribenten. Subskribent-Manager ist verantwortlich für die Aufnahme des Signals von Event-Server und für die Regelung von Benachrichtigungen. Mithilfe von EBT-Methode kann man sowohl funktionelle als auch nicht funktionelle Anforderungen erfüllen.

Information Retrieval (IR). Die Methode wird für die automatisierte Generierung von Traceability-Links benutzt. Es existieren im Allgemeinen die nächsten Methoden als Vector Space Model (VSM), Probabilistic Models und Latent Semantic Indexing (LSI). IR basiert auf den Vergleich von Ähnlichkeit und

---

[65] Vgl. *Cleland, J. et al.*: Atomating speculative queries through event-based requirements traceability. In: Proceeding of the IEEE Joint RE (2002), S. 289.

probabilistischen Wert von zwei Artefakten. Blaauboer et al. definieren die drei generellen Schritte in diesem Prozess: das Vorverarbeiten; die Analyse, die Indexierung und die Erstellung von Präsentationen und die Archivierung; die Analyse eingegangener Artefakten mit der Nutzung von der Klassifizierungsalgorithmus. Wenn es ein Paar von Artefakten erreicht einigen Bedingungen und den Status, dann betrachtet es als potentielles Link, das dem Analyst gemeldet werden muss, um die endgültige Entscheidung zu treffen. Der Analyst seinerseits differenziert sie zwischen „false" und „true" Links. Mittels dieser Methode werden wesentlich die Aufwände für die Erstellung von Traceability-Link zwischen Artefakten reduziert, aber sie fordert die speziellen Kenntnisse von dem Analyst. VSM und LSI werden in dem Tool wie z.B. RETRO benutzt. Diese Methode unterstützt die Entwicklung von funktionalen Anforderungen. Der entwickelte Ansatz von Cleland wird in Goal Centric Traceability (GCT), der weiter diskutiert wird, für nicht funktionelle Anforderungen verwendet.

Rule-Based Approach. Regelbasierte Methode war von Spanoudakis et al. Abb.36 (Anhang) vorgeschlagen.[66] Die Idee von dem Ansatz besteht in der automatischen Generierung von Traceability-Links mit der Einwendung von einer Reihe von Regeln. Laut Autoren es existieren zwei wesentliche Traceability-Regeln: „requirements-to-object-model Traceability" (RTOM) und „inter-requirement traceability" (IREQ). Die genannten Regeln benutzen hinsichtlich drei spezifischer Dokumente wie „requirement statement document" (RSD), „use cases documents" (UCD) und „analysis object model" (AOM). Es werden RSD und UCD zu AOM benutzt, mittels RTOM-Regeln. IREQ-Regeln werden für das Tracing zwischen RSD und UCD verwendet. Alle benutzten Regeln und alle Typen von Dokumenten werden in XML-Format präsentiert. Die regelbasierte Methode besteht hauptsächlich aus vier Schritten.

Grammatical Tagging. RSD und UCD werden zuerst in der strukturierten Form mittels natürlicher Sprache dargestellt. Danach werden alle grammatischen Rollen von den Worten dieser Dokumente identifiziert.

Umwandlung von Artefakten zu XML-Format. Es werden zuvor die markierten oder „tagged" RSD und UCD zu den identischen XML-Dokumenten umgewandelt. Und danach werden die Beziehungen zwischen ihnen entdeckt. Diese XML-Dokumente werden gemäß der spezifischen Document Type Definition (DTD) mit zwei Gruppen von XML-Elementen strukturiert. Erste stellt die Struktur dar und die zweite repräsentiert tags. Die Objekte von UML-Modell werden entprechend zu XMI-Format umgesetzt.

---

[66] Vgl. *Spanoudakis, G. et al.:* Rule-based Generation of Requirements Traceability Relations. In: The Journal of Systems and Software (2004), S. 116.

Die Erstellung von „requirement-to-object-model"-Beziehungen. Die dritte Phase besteht in der Erstellung von Traceability-Beziehungen zwischen RSD und UCD. Die Generierung von diesen Relationen basieren auf den Inhalt von diesen Artefakten, die mittels „rule engine" generiert werden. In diesem Schritt „rule engine" übersetzt RTOM-Regeln und prüft es, ob die Bedingungen gemäß RSD und UCD erfüllt seien. Die Bedingungen von RTOM-Regeln definieren den Ansatz von der Anpassung syntaktisch bezogenen Begriffen in dem textuellen Teil der RSD und UCD mit semantisch bezogenen Elementen von Analysemodell. Die Regeln können auch zusätzliche Beschränkungen für die bezogenen Elemente definieren. RTOM-Regeln sind in XML-Format repräsentiert.

Generierung von „requirement-to-requirement"-Beziehungen. In der letzten Phase von Traceability werden die Beziehungen zwischen einzelnen Teilen einer oder verschiedenen RSD und UCD. Die Generierung von Traceability-Beziehungen an diesem Schritt gilt als das Ergebnis von der Interpretation von IREQ-Regeln. Die Regeln fordern nicht die Analyse von Text in der Dokumentation. Sie ist nur für die Kontrolle spezifischer Typen von Traceability zwischen diesen Dokumenten verantwortlich. Sie erstellen die zusätzlichen Traceability-Relationen zwischen dem Gegenstand des Dokumentes und existierenden Beziehungen. Wie auch RTOM-, IREQ-Regeln werden in XML-Format definiert.

Hyper-Text Based Approach (HB). Die meisten von der Studien hinsichtlich von Traceability betrachten es als optionale Aktivität, die viele Ressourcen fordert und wenig Nutzen bringt. Die Ursachen dafür liegen nicht nur seitens der Entwickler, sondern von Manager des Projektes. Die Entscheidung dafür, ob Traceability eingeführt werden sollte, ist auf einem früheren Stadium zu nehmen. Die Methode von HB hilft solche Fragen zu beantworten als welche Faktoren führen zu der erfolgreichen Implementierung von Traceability. Der Grund liegt darin, dass während der Entwicklung von Softwaresystemen mehrere Artefakten von verschiedenen Viewpoints erstellt werden. Artefakten stellen laut Maletic et al. die Modelle vom System auf die verschiedenen Ebenen von Abstraktionsniveau (Spezifikationen, Modelle von Design, Modelle hinsichtlich der Anforderungen usw.).[67]

Die Herausforderung von Traceability besteht in der Verfolgung von Tracing der Beziehungen zwischen Modellen rückwärts und vorwärts. Und die Repräsentation und die Speicherung von diesen Relationen unterstützt das Verständnis dafür, welcher Teil von Modelle bezogen auf die andere. Das erste Set von

---

[67] Vgl. *Maletic, I. et al.:* An XML Based Approach to Support the Evolution of Model-to-Model Traceability Links. In: Automated Software Engineering (2005), S. 67.

Traceability-Links wird automatisch durch die „forward-engineering Tools" erstellt. Der vorgeschlagene Ansatz bietet XML-basierte Präsentation von Modellen und Links ohne Beschränkung für den Inhalt, die Organisation oder das Schema. Es garantiert die Interoperabilität und die Flexibilität von dem Modell. Die Repräsenation benutzt die externen Links zwischen Modellen. Die Speicherung von externen Links erlaubt überschaubare Präsentation von vielfältigen Beziehungen. Es erlaubt auch die Erstellung von mehreren Sammlungen von Links von demselben Modell. Um die Transparenz in Quellkode zu gewährseisten, wird von der Autoren die Methode srcML (XML-basierte Darstellung von Source Code), die C, C+ und Java unterstützt. Die Methode erlaubt der originelle Quellkode in XML ohne Verlust von der Information wie Kommentare, Leerräume usw. zu dokumentieren. XPath (XML Path Language) wird zur Dokumentation von Linken benutzt. Die Links kann man ohne Änderung von dem semantischen Inhalt von Modellen benutzt werden. Zur Fassung aller Links wird die XML Linking Language verwendet. Der wesentliche Teil von Metadaten-Speicherung besteht in der zeitlichen Verfolgung von Links (Version).

Traceability Matrix (TM). Im Allgemeinen diese Technik wird in der Industrie benutzt, um die Beziehungen zwischen der Spezifikation und anderen Typen von Artefakten zu definieren. Es wird auch als die Nachvollziehbarkeitsmatrix bezeichnet. Zu diesen Artefakten gehören unter anderem Design-, Codemodul und Test-Cases. In dieser Methode die Relationen zwischen Artefakten werden manuell erstellt. In der Praxis die Benutzung von TM ist auf wesentliche kritische nicht funktionale Anforderungen beschränkt. Üblicherweise die Anforderungen werden die Reihen und die anderen Artefakten der Spalten entlang. An jeder Kreuzung von der Reihe und der Spalte werden die Markierungen definiert, wenn die entsprechende Anforderung auf dem Artefakt bezogen wird. Die verschiedenen Typen von Beziehungen können durch die Benutzung von den verschiedenen Markierungen angegeben werden. In dieser Methode ist eventuell auch die Analyse sowohl vorwärts als auch rückwärts durchzuführen.

Auch die Verwendung von TM kann als die Verifizierung für die Existenz der Beziehungen zwischen Elementen in der zwei verschiednene Softwareartefakten (Vorgänger-Nachfolger Relationen). Als Beispiele für diese Methodik kann man die Dokumentations- und Testmatrix geben. Der erste zeigt die Beziehungen zwischen individuellen Softwareandorderungen und deren Realisierungen in „lower-level" Softwareartefakten wie z.B. Komponenten von Design. Der zweite Bsp. zeigt die Beziehungen zwischen individuellen Softwareandorderungen und Test-Cases, um die korrekte Implementierung zu überprüfen. Die Realisierung kann durch Word oder Spreadsheet-Tabelle wie z.B. Excel-Daten durchgeführt werden. Der wesentliche Vorteil von dieser Methode liegt in ihrer Deutlichkeit. Matrix-Tabelle haben bessere Übersicht und man kann schnell alle geforderten Anforderungen identifizieren und welche von denen sind in der rekursiven Abhängigkeit von anderen Anforderungen. Der nächste Vorteil ist dadurch ausgeprägt, dass die Tabelle einfach zu erstellen und keine spezielle Qualifikation erfordern. Das hauptsächliche Problem liegt in dieser Methode in dem Mangel von der Skalierbarkeit und der Wartung. Im Fall des Vorhandenseins von einer großen Zahl von Anforderungen ist es schwer diese Methode in der Praxis einzusetzen. In meisten Fällen wird von dieser Technik den anderen Methoden zugunsten in besonderem Maße in großen Projekten.

Goal-Centric Traceability (GCT). Traceability von nicht funktionellen Anforderungen (NFA) als die Sicherheit, die Leistungsfähigkeit und die Reliabilität ist schwer zu erreichen. Es wurde in der Studie von Cleland-Huang Abb.35 (Anhang) die holistische Methode GCT für NFA entwickelt.[68] In der Methode wird „Softgoal Interdependency Graph" (SIG), um das Modell von NFA als Ziele und Enwicklungs- oder Design-Techniken zu erstellen, eingesetzt. Die Methode besteht aus vier verschiedenen Phasen: „goal modelling, impact detection, goal analysis and decision making".[69] In SIG die Ziele werden in Subzielen verteilt, um die gute Leistung hinsichtlich der Anforderungen von stakeholders zu erreichen.

Goal Modelling. Die erste Phase findet in der Erhebung von Daten, der Spezifikation und Design von System statt. In der Entwicklung von Software können nicht alle Anforderungen erfüllt werden. Dafür soll sog. tradeoffs oder Kompomisse durch die Begründung eingeführt werden.
Impact detection. Es werden während dieser Phase Traceability Links zwischen dem funktionellen Systemmodell (UML-Klasse Diagramme) und einem Set von potentiellen bezogenen SIG-Elementen. Die funktionellen Änderungen werden hauptsächlich auf Design- oder Implementierungsniveau eingesetzt. UML-Modelle in diesem Zusammenhang helfen der Entwickler die Ursachen und die Konsequenzen von den Änderungen zu verstehen und einzuschätzen. Die bezogenen von den Änderungen Link werden durch die stakeholders bewertet.

Goal Analysis. Die Phase besteht aus zwei Schritten: „contribution re-analys, goal re-evaluation". Zuerst werden die Ursachen und Konsequenzen von den Änderungen in SIG aufgenommen und mittels der Zielen deren Effekt wird

---

[68] Vgl. *Cleland-Huang, J.:* Toward improved traceability of non-functional requirements. In: Automated Software Engineering (2005), S. 18.
[69] Vgl. *Cleland-Huang, J.:* Goal-centric traceability for managing non-functional requirements. In: International Conference on Software Engineering (2005), S. 363.

weiter eingeschätzt. Während der rekursiven„goal re-evaluation" wird die Einschätzung von vorgeschlagenen Änderungen bezüglich initialer Zielen durchgeführt. Im Gegenzug nicht erfüllte Ziele werden wieder analysiert. Als Ergebnis von dieser Phase ist die Analyse von den durchgeführten Änderungen, die alle Zielen sowohl positiven als auch negativen bezüglich der Änderungen identifiziert.

Decision Making. Es werden von den Autoren zwei Phasen "decision, impact evaluation" vorgeschlagen. Während des ersten Schrittes stakeholders untersuchen die durchgeführte Analyse. Sie definieren weiter, ob die vorgeschlagenen Änderungen implementiert werden sollten. In dem zweiten Schritt stakeholders identifizieren die Auswirkungen von der Änderungen hinsichtlich NFA-Zielen, um die negativen Effekte von der Änderungen auszuschließen.

5.6 Toolsupport

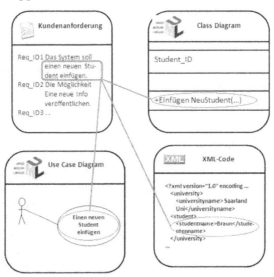

Abb.25.: Case Traceability in Viewpoints

Die Abb.34 wird auf die Arbeit von Castro-Herrera bezogen.[70] Eine Reihe von kommerziellen Tools unterstützen Traceability von Softwareentwicklung, weil sie automatische oder manuelle Formen von obengenannten Techniken darstellen. Davon werden sich Tools für allgemeine Benutzung wie „hypertext editor", „spreadsheets", „database systems" usw. unterscheiden. Die können von Hand konfiguriert werden. Im Allgemeinen diese Technik erlaubt die Referenzen quer zu machen und die Update-Kriterien zu definieren. Die weitere Gruppe von Tools benutzt für spezifische Zwecke. Diese Tools unterstützen die beschränkten Aktivitäten wie z.b. Traceability zwischen Ideen und Anforderungen oder zwischen Anforderungen und Test Cases. Und letztendlich werden „workbenches" benutzt. Sie stellen eine Sammlung von oben geführten Methoden, um das zusammenhängende Set von Aktivitäten zu unterstützen. Weniger beschränkte Traceability-Relationen können ausgeführt werden und die Qualität hängt von der zentralen „workbench"-Aktivität. Dazu gehört Computer-

---

[70] Vgl. *Castro-Herrera, C.*: Towards a Unified Process for Automated Traceability (2007). facweb.cti.depaul.edu/research/techreports/TR07-005.pdf, Abruf am 2010-05-28.

aided software engineering (CASE) workbenches wie Rational Rose oder andere wie DOORS, RTM usw.

Im Unterschied von der Repräsentation, der Speicherung und der Verwaltung Spanoudakis et al. gliedern Traceability-Tools in fünf Typen in der Abhängigkeit von der Niveau von der Integration (Artefakten und Beziehungen von Traceability-Links), der Repräsentation und der Speicherung.[71] Zu diesen Gruppen gehören die nächsten: zentrale Datenbank, Software Repository, „hypermedia" Methode, „mark-up" Methode und ereignisbasierte Methode.

Die erste Gruppe unterstützen fast alle bekannten Traceability-Tool (DOORS, RTM usw.), um die Artefakten und Traceability-Beziehungen in einer zentralen Datenbank zu pflegen. Der Vorteil der Benutzung von zentralisierter Datenbank besteht in der Möglichkeit umfassende und effiziente Abfrage von der Datenbank zu machen. Es ist zu berücksichtigen, dass die Beziehungen der Artefakten, die von anderen Tools generiert wurde, schwer zu speichern und pflegen. Solche Tools wie DOORS geben die Möglichkeit die nötigen Ressourcen für die Unterstützung solcher Art von Beziehungen zu importieren und zu exportieren.

Die zweite Methode besteht in der Speicherung von den Traceability-Relationen in einem zentralisierten Repository mit bezogenen Artefakten. Der Unterschied von der ersten Methode ist es, dass Software-Repository die Flexibilität für die Bestimmung von Speicherungsschemas mit der umfassenden Auswahl von Softwareartefakten und bezogenen Relationen zwischen ihnen. Darüber hinaus das Repository stellt Application Programming Interface (API) für die Bestimmung von Daten, zusätzlichen Fähigkeiten in der Zusammenarbeit mit anderen Tools bereit. PRO-ART übernimmt in diesem Sinn die zentrale Integration von Tools.

„Hyper-media" Methode. Diese Methode wird angesetzt, um die Speicherung von Traceability-Beziehungen als die bezogenen Artefakte zu gewährleisten. In diesem Zusammenhang es wurde von Sherba ein Framework für Abbildung von Traceability-Beziehungen als TraceM in Abb.37 (Anhang) genannt entwickelt.[72] TraceM unterstützt die Speicherung, Verwaltung und Nachverfolgung von den Relationen zwischen Artefakten, die von verschiedenen Tools generiert werden. „Hyper-media"-System erlaubt die Speicherung von Beziehungen getrennt von den bezogenen Artefakten. Die Traceability-Relationen können

---

[71] Vgl. *Spanoudakis, G.; Zisman A.:* Software Traceability: A Roadmap. In: Advances in Software Engineering and Knowledge Engineering, Vol. 3 (2005), S. 15.

[72] Vgl. *Sherba, S.A. et al.:* A Framework for Mapping Traceability Relationships. In: Proceeding of the 2nd International Workshop on Traceability in Emerging Forms of Software Engineering (2003). http://www.soi. city.ac.uk/~gespan/paper5.pdf, Abruf am 2010-06-06.

als n-stufige Assoziationen zwischen Artefakten von verschiedenen Typen oder deren Teilen dank der Nutzung von Metadaten. Das Framework basiert auf "hyper-media"-Methode und die Integration von Information. Sie bieten die generischen Services, die die Entwicklung, die Erstellung, die Verwaltung und die Nachverfolgung von Traceability-Relationen erlauben und zu den Kundenanforderungen angepasst werden können. DOORS z.B. unterstützt nur die manuelle Erstellung von Traceability-Beziehungen und nicht die expliziten Relationen. TraceM stellt die Funktionalität in sechs Services Abb.37.: Registration, Planung, Abbildung von Beziehungen, Entwicklung, Suchanfrage und Export. Die Metadaten spezifizieren: Typen von bezogenen auf die Relationen Artefakten; die externen Tools, die diese Artefakten generieren; die Umwandlung von Artefakten zur Repräsentation in TraceM-Framework; Integrator für automatische Entdeckung und Erstellung von Traceability-Relationen. Metadaten können auch benutzt werden, um die verschiedenen Typen von „stakeholders" zu spezifizieren. Jeder Typ hat das eigene Interesse in der Benutzung von diesen Typen in Abhängigkeit von der Phase des Projektes. Die Erfassungsservice erlaubt die neuen Artefakten und die Beziehungen zu registrieren. Planung-Service hilft den Entwicklern die Voraussetzungen für den Aufruf von Umwandler zu bestimmen. Um in vollem Maße sich zwischen Artefakten zu orientieren, müssen die Entwickler die externen Tools zu integrieren. Diese Integration verwendet die standardisierten Techniken. Im Fall, wenn die Artefakte nicht von den integrierten externen Tools erstellt worden sind, TraceM erlaubt diese Relationen speichern und betrachten.

„Mark-up"-Methode. Die Methode wird in den heterogenen und verteilten Softwaresystemen benutzt. Mittels „mark-up"-Sprache ist es möglich, die Relationen getrennt von den bezogenen Artefakten durchzuführen. Zur Repräsentation von Relationen zwischen Artefakten von Song et al. wurde STAR-Track entwickelt.[73] STAR-Track benutzt „tagging"-Vorgang, um die Beziehungen zu repräsentieren. Tags in STAR-Track definieren die Elementen von einzelnen Dokumenten oder die Relationen zwischen denen. Jeder Tag wird durch das Identifizierungzeichner und den Titel markiert. Stakeholders können entweder die verschiedenen Abschnitte im Dokument oder die eigene Taggs benutzen. Spanoudakis et al. in seiner Studie entwickelten "based-rule tracer", der mittels XML-basierte Methode Traceability-Relationen und die bezogenen Artefakten speichern und verwalten kann.[74] Traceability-Relationen sind getrennt von den

---

[73] Vgl. *Song, X. et al.:* Lessons Learned from Building a Web-Based Requirements Tracing System". In: Proceedings of International Conference on Requirements Engineering (1998), S. 43.

[74] Vgl. *Spanoudakis, G. et al.:* Rule-based Generation of Requirements Traceability Relations. In: The Journal of Systems and Software (2004), S. 112.

bezogenen Artefakten gespeichert werden können. Die Methode erlaubt es die textuellen Artefakten zu XML-Format zu transformieren. Die Methode leider unterstützt nicht die Integration von den verschiedenen Tools.

Die ereignisbasierte Methode. Die oben angeführten Methoden ist es schwer sicherzustellen, dass die Traceability-Relationen zwischen Artefakten immer aktualisiert und modifiziert werden sind. Es wurde von Cleland-Huang die Methode EBT für die Speicherung und die Verwaltung von Traceability-Relationen zwischen den Spezifikationen und den Artefakten entwickelt.[75] Die Spezifikation kann die Abhängigkeiten zwichen den Artefakten mittels der Register erfassen. Das System beobachtet die Artefakte und wenn es die Artefakten umgestaltetet werden, dann dokumentiert es alle vorgenommenen Änderungen. Und in diesem Zusammenhang ist die Spezifikation verantwortungsvoll für die Aktualisierung von den Artefakten. Im Weiteren werden einige konkrete Tools näher betrachtet.

Dynamic Object Oriented Requirements Systems (DOORS). Tools wurde von Telelogic für Anforderungsmanagement entwickelt. Die Hauptziele von Tool bestehen in der Erfassung von Änderungen, Tracing und der Analyse von bezogenen Artefakten. Tool gibt die Möglichkeit der Erstellung und Nachverfolgung von Beziehungen von verschiedenen Artefakten. Überdies Tool ist sehr hilfsreich in dem Änderungsmanagement. Es berücksichtigt direkt alle Änderungen, die die anderen Anforderungen beeinflüssen können. Außerdem Tool unterstützt die dynamische Erstellung von Berichten. DOORS wurde wegen mehreren Ursachen sehr populär. Erstens Tool erlaubt arbiträr Traceability-Links zwischen Sets von Information machen. Anschließend mittels Tool kann man eine Hierarchie von den heterogenen Typen von Dokumenten erstellen. Die Zerlegung in großen Projekten der komplexen Dokumente in die kleinere macht es leichter die Beziehungen zwischen denen zu kontrollieren. Zweitens es besteht die Möglichkeit mit einer Reihe von anderen Tools wie Design-, Analyse- und Konfigurationsmanagement Tools zu interagieren, um die weiteren Entwicklungsaktivitäten zu unterstützen. Das offene Interface erlaubt im Weiteren die Integration mit User-Tools zu konfigurieren. Der weitere Vorteil von DOORS ist die Bereitstellung von Script-Sprache, DOORS Extension Language (DXL), was macht möglich die Funktionalität von Tool erweitern und kundenspezifisch anzupassen. Zum Schluss Tool fordert nicht so viel Kompetenz und längeren Schulungen, um die wesentlichen Eigenschaften von DOORS zu erfassen. DOORS bietet auch die Unterstützung von der Suchanfrage der Daten von Artefakten und der bezogenen Traceability-Link. Es exis-

---

[75] Vgl. *Cleland-Huang, J. et al.*: Supproting Event-Based Traceability through High-Level Recognition of Change Events. In: COMPSAC (2002), S. 595.

tiert auch die Möglichkeit zur Bereitstellung von verschiedenen Arten von TraceViews wie graphische Traceability Struktur, Diagrammen und Matrix. Überdies diese Methoden erlauben die Navigation über die Traceability-Links von einem Artefakt zum anderen. Außerdem hinsichtlich der Erweiterung Tool bietet die Möglichkeit zur Erstellung von den neuen Typen von Links und den individuellen Views.

Rational RequisitePro. Tool wurde von IBM entwickelt. Im Allgemeinen Tool ist geeignet für das Projektteam, das die Kommunikation von Projektzielen verbessern will. Dazu zählt man auch die Reduzierung von Risiko des Projektes, die Erhöhung von Qualität der Applikationen vor dem Einsatz. Die wesentlichen Ziele von Tool sind die Speicherung von Software Anforderungsprofil, die Verbindung von der Anforderungen der End-Users zu Use-Case-Diagrammen und Test-Cases. Bei den vorgenommenen Änderungen Tool identifiziert die entsprechenden Software-Artefakte, die betroffen werden sind. Tool bietet auch die Funktionalität zur Suchanfrage und der Filtern von Anforderung.

Tools wie DOORS und Rational RequisitePro beschäftigen sich mit Traceability für die traditionellen Systemen. Der Nachteil von diesen Tools ist die Unfähigkeit zur Erfüllung spezifischer Anforderungen wie z.B. die Veränderlichkeit von Anforderungen.

Caliber RM. Borland CaliberRM 2005 ist das System für die Unterstützung von der Zusammenarbeit, die Analyse von der Veränderungen und die Erleichterung von Kommunikation. Tool ist sowohl für die kleinen als auch für die großen Unternehmen geeignet. CaliberRM wie auch DOORS erlauben die Erstellung von Traceability-Links zwischen den verschiedenen Arten von Artefakten. Tool gibt die Möglichkeit der Überprüfung von der Anforderungen und Links. Außerdem es identifiziert die Inkonsistenzen in den Links oder Artefakten. Im Sinne von der Erweiterung Tool spezifiziert die neuen Typen von Berichten.

6. Casestudy

Case Study wird für das bessere Verständnis für die Erstellung von Beziehungen zwischen verschiedenen Artefakten als der einfachen Fall betrachtet.

Die verschiedenen Standards verfügen die unterschiedlichen Niveaus von den Anforderungen. Aus diesem Grund man entscheidet sich in jeder spezifischen Situation an welchen Ebene Traceability durchgeführt werden sollte. Im Allgemeinen die Erfüllung von kompletten Traceability bedeutet man die Unterstützung von der Konsistenz zu jeder einzelnen Spezifikation, Testen, Attribut von einem Elementen und Quellkode.

In dem praktischen Teil der Arbeit wird die Integration von Traceability-Tool Rational RequisitePro von IBM, Rational Rose und SQA-Tool betrachtet. Tools können benutzt werden, um die Anforderungen zu modellieren und zu speichern. Die verschiedenen Information sind mittels Tools in andere Programmen integriert werden. Es wird so gestaltet, damit alles, was verändert wird, zu allen zugänglich wäre. Die Anforderungen und ihre Artefakten kön-

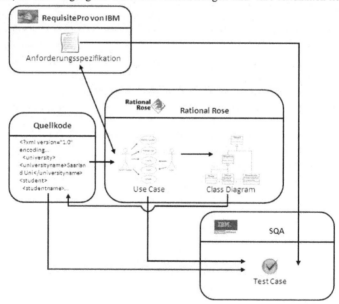

Abb.26.: Integration von Tools, um Traceability zu erfüllen.

nen durch die Traceability-Links verbunden sein. Tracing in diesem Zusammenhang macht es möglich, die Einwirkung auf andere Artefakte bei der Änderung eines von denen festzustellen. Tool wird mit anderen Programmen wie Microsoft Word integriert, was die Möglichkeit zur Verwaltung, Sortierung, Filterung und Rückverfolgung von den Anwendungen bereitstellt. Darüber hinaus funktioniert RequisitePro mit anderen Programmen aus Rational suite.

Es gibt die mehreren Möglichkeiten die Traceability-Beziehungen in RequisitePro zu erstellen. Tool stellt bereit zwei Typen von Relationen zwischen Anforderungen wie „trace to" Link und „trace from" Link. Es wird dafür gemacht, weil einige stakeholders sich eine Interesse in „high-to-low"-Links haben und die anderen in der Beziehungen in anderer Richtung. RequisitePro hat mehrere Verfahren für die Demonstration von den erstellten Beziehungen. Die hierarchischen Relationen von den verschiedenen Typen von Artefakten, Dokumenten oder Views werden in Baumstruktur dargestellt. Allgemein die Beziehungen können in zwei Varianten repräsentiert werden. Im ersten Variant es wird Matrix-Tabelle benutzt. Die Reihen von der Matrix repräsentieren einen Typ von Artefakte und die Spalten den anderen Typ. Bei der direkten Verbindung von zwei Typen von Artefakten man wird an den Kreuzungspunkt ein Pfeil gezeigt. Alle indirekten Beziehungen werden durch den halbtransparenten Pfeil dargestellt. Das zweite Verfahren besteht in der Repräsentierung von Links in der Baumstruktur. Alle generellen Artefakte werden nur durch die direkten Links repräsentiert.

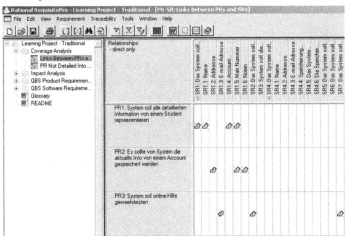

Abb.27.: Traceability Matrix von einem Teil CLIX

Die beiden Formen können für die Benutzung gespeichert werden.

In Abb.16 wird ein Teil von den Anforderungen zu einem Learning Management System CLIX dargestellt. Laut RM-ODP-Konzept können diese Anforderungen in nächsten Viewpoints als Enterprise, Informational und Computional betrachtet werden. Eine von der Aufgaben der Matrix besteht in der Rückverfolgung und der Kontrolle von den Änderungen.

Welchen anderen Dokumenten ist zu ändern? Wie relevant sind diese Änderungen? Traceability-Matrix repräsentiert die Anforderungen von einer Spezifikation zu anderen in der Reihen und Spalten. RequisitePro definiert die PR (Product Requirements) in einer vertikalen Richtung und SR (Software Requirements) in horizontaler Richtung. Wenn eine Anforderung sich ändert, es führt zur automatischen Identifizierung von betroffener Anforderung in einem anderen Dokument. So die Änderung von PR1 führt zur Änderung von SR1, SR1.1 usw, was es mit dem grünen Pfeil und rote Slash-Linie gezeigt wird. Es könnte sowohl „to trace" als auch „from trace" Beziehungen dargestellt werden.

Rational Rose ist ein Programm von IBM für die modellgetriebene Entwicklung mit der Unterstützung von UML. Tool hat die Möglichkeit die verschiedenen Perspektiven von System darzustellen. Die Komponente von Modellen können erstellt, umgestaltet und visualisiert werden. Hinsichtlich der Viewpoints stellen die Modelle eine Repräsentation von einer Domain dar. Dementsprechend repräsentieren die Modelle mit Diagrammen, Spezifikationen und Graphiken in einer UML-Notation. Tool unterstützt die nächsten Views als Use Cases, Logical-, Process-, Deployment- und Implementation View in Form von sequence, collaboration Diagram usw. In Abbschnitt 4.4 betrachtet man die Definition von Modellierungssprachen in UML-Format in verschiedenen Perspektiven. Rationale Rose unterstützt dabei alle angeführten Notationen. In RequisitePro werden die Anforderungen mit Use Cases verbunden, die in Rationale Rose konstruiert werden. Es macht möglich die vollständige Integration von den beiden Tools. Im Weiteren Use Cases können auf verschiedenen Perspektiven in detaillierter und spezifischer Weise betrachtet werden. Somit in Abb. 26 sieht man deutlich, dass eine der Möglichkeiten von Use Cases die Verbindung zu Class Diagram zu definieren usw. Ein von den Vorteilen der Rationale Rose ist es, dass Toll eine Modellierungsumgebung darstellt. Es macht möglich die Codegenerierung in verschiedenen Formaten zu erfüllen wie C++, CORBA, Java/J2EE, Visual Basic usw. Dabei werden die Klassen, die in Rationale Rose erstellt werden, in RequisitePro exportiert, um die Traceability-Beziehungen zwischen den Anforderungen und den bezogenen Klassen zu erstellen. Somit, wenn die Änderungen bei den Anforderungen durchgeführt werden, sind die Beziehungen zwischen den Anforderungen und Klassen auch betroffen.

SQA Suite wird mit RequisitePro und Rationale Rose synchronisiert. SQA Suite stellt ein integrierter Produkt, der für das automatische Testen geeignet ist. RequisitePro, Rationale Rose und SQA Suite stellen somit eine integrierte Komposition für die automatische Durchführung von Traceability.

Diskussion

Die Verwendung von Viewpoints in Frameworks stellt die grundlegende Basis für die nachhaltige Modellmanagement und Traceability in Enterprise Architecture dar. In der Abhängigkeit davon, welche Ziele vom Entwickler verfolgt werden, der Spezifität des Unternemens oder von der Größe des Projektes, unterscheidet man die verschiedenen Frameworks. In den meisten von ihnen verwendet man das Konzept von Viewpoints, weil in jeder Phase von der Softwareentwicklung die verschiedenen Anforderungen von den verschiedenen Akteuren existieren.

Die Differenz in den Anforderungen stellt eine wesentliche Herausforderung in der Sofwareentwicklung. Es wäre unmöglich, alle Kundenanforderungen, die Anforderungen vom Entwickler, Designer, Programmierer und Testentwickler in einem View zu betrachten. Es wird festgestellt, dass es die grundlegenden Viewpoints, die in einem Framework zusammengesetzt werden, definiert werden müssen. Bei der Identifizierung von den Differenzen in betrachteten Frameworks wird festgelegt, dass entweder einige von Views die verschiedenen Bezeichnungen mit der gleichen Bedeutung haben, oder die überlappen sich aufeinander. Aber das Konzept, in dem ein Set von Views existiert, ist in allen Frameworks vorhanden ist.

Modellierungssprachen haben eine wesentliche Bedeutung für die Bestimmung von Konzept und für das bessere Verständnis und Kommunikation zwischen den Beteiligten. Dabei in der Praxis verwendet man am meisten das Konzept von OMG Group und seine UML-Modellierungssprachen. Sie stellen eine gute Unterstützung von der Kommunikation zwischen den Beteiligten im Unternehmen und stellen eine Grundlage für die Transformation von den Kundenanforderungen zu Quellkode. RM-ODP gibt die wesentlichen Viewpoints: Enterprise, Informational, Computational, Engineering und Technology. Wegen der iterativen Entwicklung findet keinen eindeutigen Ablauf in der Erstellung von Modellen in Viewpoints statt. Abstraktionsmethoden werden betrachtet, um das bessere Verständnis für die Prinzipe in der Erstellung der Objekten und Artefakten in den verschiedenen Modellierungsniveaus. Mittels der Verfeinerung oder Generalisierung können die Artefakte auf verschiedenen Perspektiven repräsentiert werden. So z.B. kann der Artefakt der Vertrag Nr.1 zu einer Instanz und im Weiteren zu Klassen zugerechnet werden.

Das Konzept von Viewpoints spielt die Hauptrolle in der Unterstützung von Konsistenz der Softwareentwicklung. Einige sehen in der Einführung von Traceability die zusätzlichen Kosten und die Einsetzung von expensiven menschlichen Ressourcen. Die Aufgabe von dem Entwickler besteht darin, das Verständnis von der Einführung von Traceability zu geben. In der Praxis verwendeten Techniken helfen dabei den ganzen Prozess von Traceability automatisch mittels der existierenden Tools zu gestalten.

Zusammenfassung

Im ersten Abschnitt werden die Motivation, das Ziel der Arbeit und die Relevanz des Themas festgelegt. In der Motivation wird festgestellt, dass das Konzept von Viewpoints für die Erstellung, Entwicklung und weitere Verbesserung von Softwarearchitektur eine grundlegende Rolle spielt. In der Realität ist es schwierig in der Vielfalt von den verschiedenen Frameworks zurechtzufinden. Oft fehlt dem Entwickler den gesamten Überblick über die Entwicklung von Software. Darüber hinaus der dynamische Aspekt wie die Erscheinung von den neuen Technologien oder die Änderung von Kundenwünschen verhindern die Unterstützung von der Konsistenz der Beziehungen zwischen verschiedenen Artefakten. Traceability hilft dabei alle Beziehungen vorwärts und rückwärts von der Spezifikation identifizieren, dokumentieren und speichern.

Im zweiten Abschnit von der Arbeit werden die wesentlichen Grundlagen, Begriffen und Erklärungen von dem Thema erläutert. Um das ganze Konzept zu verstehen, werden über die solchen Begriffe wie Views, Viewpoints, Modellmanagement in Enterprise Architecture und Traceability. Für die nachhaltige Entwicklung werden fast in jedem Framework die einzelnen Views eingesetzt, um life-cycle-Prozess in einzelnen Phasen durch die Gliederung des gesamten Prozesses zu unterstützen. Dabei jedes einzelne View ist von seinen charakteristischen Modellen ausgeprägt, weil jeder stakeholder das eigene View auf einzelnen Aspekt hat. Mittels der einfachen Darstellung (Abb.1) wird gezeigt, dass bei der Erstellung von Softwareprodukt in einem Enterprise Architecture die verschiedenen Perspektiven und Zusammenhängen zwischen denen entstehen. Es gilt sowohl auf dem horizontalen Ebene wie z.B. die Beziehungen von Strategien der Beteiligten auf Enterprise Ebene als auch auf dem vertikalen Ebene wie die Relationen z.B. zwischen Applikationen und Datenbankmodellen. Ohne das Verständnis der Wichtigkeit von Traceability ist es fast unmöglich, die konsistenten Beziehungen zwischen diesen Artefakten aufrechtzuerhalten.

Dritter Abschnitt wird durch die benutzte Klassifikation und Standards in Enterprise Architecture ausgeprägt. Erste Klassifikation basiert auf der Studie von Leite, der Viewpoints auf die Stellungnahme, Services und die Spezifikationen gliedert. Die Integration von verschiedenen Sichten kann zum Verständnis des ganzen Konzeptes beitragen. Die Methodik Viewpoint als Stellungsnahme vergleicht verschiedene Sichten von einer Ausgangssituation und teilweise unterstützt den Verhandlungsprozess, um verschiedene Meinungen in Einklang zu bringen. Viewpoint als Service stellt als wichtigster Aspekt für die Erhebung von Daten und die Identifizierung von Kundenanforderungen dar. Viewpoint als Spezifikation zeigt, dass die Integration in den heterogenen Systemen mit verschiedenen Komponenten wie Kommunikationsschnittstelle, Software, Hardware usw. eine wesentliche Herausforderung sein kann. Für die richtige Auswahl von geeignetem View wurde von Steen die weitere Gliederung in Form von Designing, Deciding und Informing angeboten. Von ihm entwickeltes Framework verfolgt das Ziel, bei der Auswahl von Viewpoint einen passenden zu finden und stellt eine wesentliche Unterstützung in der Kommunikation von verschiedenen Beteiligten. Im Weiteren wird das Standard 1471-2000 erläutert, der als die wesentliche theoretische Grundlage für die Definition, Analyse und Beschreibung der Architektur von Softwaresystemen, View, Viewpoints, Architekturmodell, Kommunikation und den Vergleich von verschiedenen Architekturen. Dabei werden in einem UML-Diagramm die Beziehungen zwischen diesen Elementen gezeigt. Der Element „concern" ist nicht synonym zu „viewpoint". „Concern" ist ein Interessenbereich und eine Quelle für die Verfeinerung von den Anforderungen.

Im vierten Abschnitt wird über die existierenden Frameworks diskutiert. Welche Viewpoints hat einzelner Framework und worin sie sich unterscheiden? Zur Betrachtung wegen ihrer Spezifität werden die nächsten EAF wie Zachmans, TOGAF, DODAF und Kruchtens genommen. Der weitere Schritt wird in die Richtung von der Identifizierung der Differenzen von Views in den verschiedenen Frameworks durchgeführt. Als Ergebnis wird eine Tabelle zusammengestellt, in der die verschiedenen Views von den angeführten Frameworks gegenübergestellt sind. Die Basis für die Tabelle werden die Viewpoints von Zachmans-Framework genommen. Im Weiteren werden die nächsten Kriterien für die Identifikation von den Unterschieden zwischen Frameworks wie Vollständigkeit, die Transformationen zwischen Views, Existenz von Metamodellen, die Nutzung von Standards, Tracing, Anzahl von Viewpoints usw. Wegen der Tatsache, dass jedes Unternehmen die eigene Kultur, Spezifität und Art von Kommunikation hat, werden für das bessere Verständnis die Methoden, wie „Viewpoint resolution" von Leite, Inter-Viewpoint-Regeln von Nuseibeh und Finkelstein und Controlled Requirement Expression von Mullery, für die Auswahl von Viewpoints identifiziert. Bei der Benutzung von mehreren Viewpoints entstehen unvermeidlich die Inkonsistenzen. Diesen Aspekt als auch die falsche Auswahl von Viewpoint werden in Abschnitt „Problemen bei der Multi-Viewpoints Konzept" diskutiert. Durch die Verfeinerung und die Detaillierung werden in Viewpoints die Konzepte realisiert. In diesem Aspekt scheint es sehr interessant die Benutzung von Metamodell, das von OMG eingeführt wurde. Auf jedem von View werden gemäß diesem Modell die verschiedenen Arten von Modellierungssprachen definiert. In einem Metamodell werden die Zusammenhänge zwischen Konzepten, Notation, Modelle und Viewpoint definiert. Jedes Viewspoint wird durch die eigene Sprache ausgeprägt, ob es Enterprise, Informational, Computational, Engineering oder Technology Viewpoint sei. Dabei werden die verschiedenen Beispiele hinsichtlich jeder Viewpoints, welche Modellierungssprache von UML-Konzept verwendet werden können.

Fünfter Abschnitt ist Traceability und seiner Rolle im Kontext von Viewpoints gewidmet. Erstens werden die Ursachen für die Einführung identifiziert. Im Folgenden werden die Vorteile und Konsequenzen für die Einführung von Traceability definiert. Pre- und Post-Traceability sind die wesentlichen Formen bei der Durchführung von Tracing. In diesem Zusammenhang ist es sehr wichtig das Verständnis zu haben, in welcher Richtung bezüglich der Anforderungsspezifikation die Betrachtung von Traceability stattfindet. Konzeptuelles Referenzmodell von Ramesh stellt ein grundlegendes Konzept von Traceability dar, in dem die Beziehungen zwischen Kundenanforderungen, Komponenten von Traceability und seiner Artefakten berücksichtigt werden. Dabei führt man die Traceability-Links Klassifikation von Ramesh an. Um die nachhaltige Traceability in Abhängigkeit von solchen Faktoren wie die Größe des Projektes oder der Spezifität des Unternehmens durchzuführen, braucht man die Verwendung von verschiedenen Methoden, worüber in nächsten Abschnitt diskutiert wird. In der Praxis existiert man eine Reihe von Tools für die Realisierung von Traceability-Konzept, wobei Tools sowohl manuelle als auch automatische Methode unterstützen können. In der Arbeit werden einige von denen wie DOORS, Rational RequisitePro und Caliber RM betrachtet.

In letzten Teil der Arbeit wird Case Study betrachtet. Es wird ein einfacher Bsp. genommen, in dem als eine Variante die Integration von verschiedenen Tools zusammengestellt wird. Die verwendeten Tools helfen bei der Durchführung von kompletten Traceability auf allen Niveaus bei der Erstellung von Softwarearchitektur. Mittels Rationale Rose können die graphischen Darstellungen in UML-Konzept präsentiert. Dabei werden diese Modelle mit RequisitePro und SQA verbunden. Bei der Änderung von den Beziehungen zwischen Artefakten oder bei der Durchführung von Testen werden diese Änderungen unmittelbar mittels der Matrix gezeigt.

Anhang

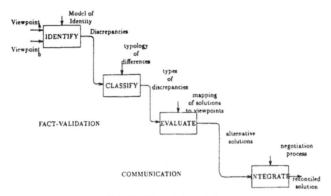

Abb.28.: Viewpoint resolution

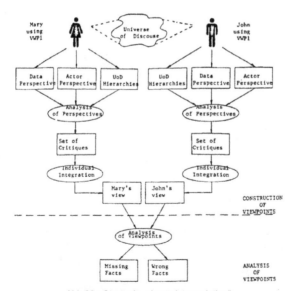

Abb.29.: Strategie „viewpoint resolution"

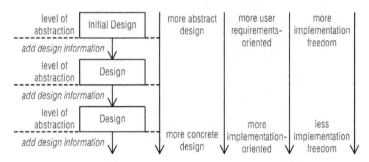

Abb.30.: Details in Design-Prozess

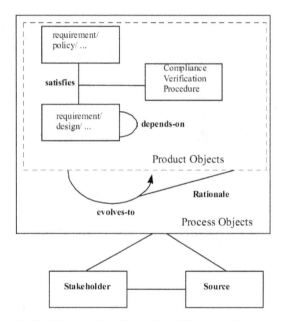

Abb.31.: Meta-Modell von Traceability mit Typen von Traceability-Links

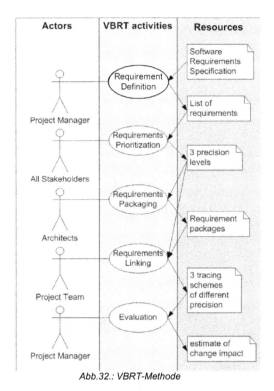

Abb.32.: VBRT-Methode

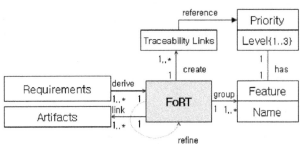

Abb.33.: Meta-Modell von FORT (Ahn und Chong)

Steps	Activities
1. Domain Planning	1.1 Selecting a domain
	1.2 Clarifying the boundary
	1.3 Organizing the domain analysis trams
	1.4 Making a domain directory
2. Feature Identification	2.1 Analyzing terminologies
	2.2 Identifying product categories
	2.3 List features in each categories
	2.4 List product and features
3. Feature Organization	3.1 Organize features into a feature diagram
	3.2 Reduce complexity of feature diagram
4. Feature Refinement	4.1 Refine feature model
	4.2 Refine an abstract model

Tab.4.: Schritte und Aktivitäten für die Erstellung von Eigenschaftsmodellen.

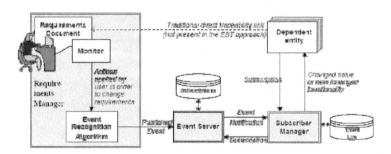

Abb.34.: Event-Based Traceability

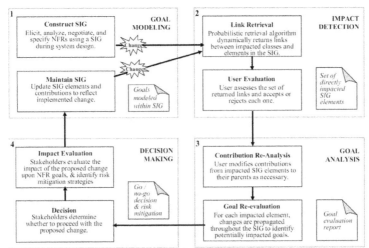

Abb.35.: Prozess von CGT laut Cleland-Huang

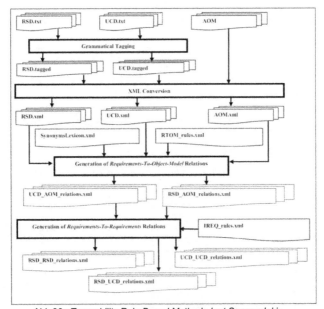

Abb.36.: Traceability Rule-Based Methode laut Spanoudakis

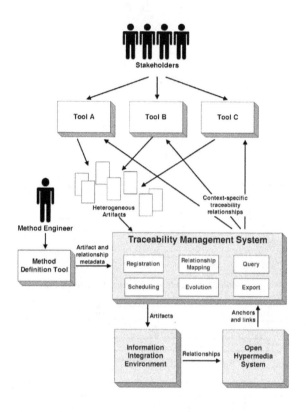

Abb.37.: TraceM Konzeptuelles Framework laut Sherba et al.

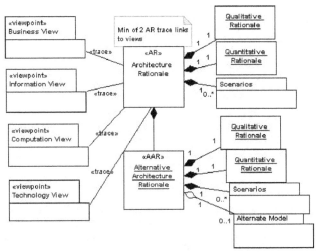

Abb.38.: Architecture Rationale Model laut Tang und Han

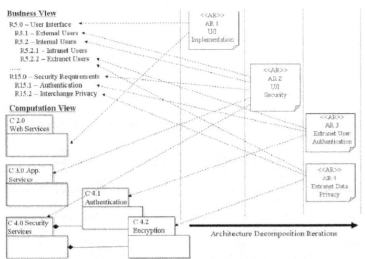

Abb.39.: Architecture Decomposition with AR laut Tang und Han

Literaturverzeichnis

Ahn, S.; Chong, K.: Requirements Change Management on Feature-Oriented Requirements Tracing. In: Lecture Notes in Computer Science (2007), S. 300.

Asuncion, H.; Taylor, R.: Establishing the Connection between Software Traceability and Data Provenance. In: ISR Technical Report#UCI-ISR-07-09, S. 5.

Booch, G.: Object-oriented analysis and design, Addison Wesley Longman, 1994, S. 38.

Castro-Herrera, C.: Towards a Unified Process for Automated Traceability (2007). facweb.cti.depaul.edu/research/techreports/TR07-005.pdf, Abruf am 2010-05-28.

Cleland J. et al.: Atomating speculative queries through event-based requirements traceability. In: Proceeding of the IEEE Joint RE (2002), S. 289.

Cleland-Huang, J.: Toward improved traceability of non-functional requirements. In: Automated Software Engineering (2005), S. 18.

Cleland-Huang, J.: Goal-centric traceability for managing non-functional requirements. In: International Conference on Software Engineering (2005), S. 363.

Cleland-Huang, J. et al.: Supproting Event-Based Traceability through High-Level Recognition of Change Events. In: COMPSAC (2002), S. 595.

Davis, A.: The analysis and specification of systems and software requirements. In: Systems and Software Requirements Engineering, IEEE Computer Society Press (1990), S. 119. Department of Defense: DoD Architecture Framework Version 2.0, http://cio-nii.defense.gov, Abruf am 2010-05-14.

Desmond, D.: Model-Driven Architecture and Integration. Opportunities and Challenges. www.catalysis.org/publications/papers/2001-mda-reqs-desmond-6.pdf, Abruf am 2010-05-12.

Dijkman, R.: Consistency in Multi-Viewpoint Architectural Design, Enschede, The Netherlands 2006, S. 20-33.

DoD Architecture Framework, version 2.0, http://cio-nii.defense.gov, Abruf am 2010-05-12.

Domges, R.; Klaus, P.: Adapting traceability environments to project-specific needs. In: Commun. ACM (1998), S. 54.

Ecklund et al.: Change cases: use cases that identify future requirements. In: Proceedings of the eleventh annual conference on Object-oriented programming systems, languages, and applications (1996), S. 352.

Edwards, M.; Howell, S.: A methodology for systems requirements specification and traceability for large real-time complex systems (1991), S. 3-7.

Ferreira Pires, L.: A framework for distributed systems development. Ph.D. Thesis. University of Twente, Enschede Netherlands (1994), S. 4.

Finkelstein, C.: Enterprise Architecture for Integration. Rapid Delivery Methods and Technologies, Artech House 2006, S. 6.

Finkelstein, et al.: Inconsistency Handling in Multi-Perspektive Specifikations. In: Proceding of Fourth European Software Engineering Conference (1993), S. 4.

Finkelstein, A. et al.: Requirements Engineering Through Viewpoints. In: DRA Colloquium on Analysis of Requirements for Software Intensive Systems, S. 24.

Garland, J.; Anthony, R.: Large-Scale Software Architecture, John Willey&Sons Ltd.,Chichester 2003, S.2.

Gotel, O.; Finkelstein, A.: An Analysis of the requirements traceability problem. In: Proceedings of the First International Conference on requirements engineering (1994), S. 94-98.

Halpin, T. et al.: Enterprise Architecture. Creating Value by Informed Governance, Springer-Verlag, Berlin Heidelberg 2009, S. 42.

Heindl, M.; Biffl, S.: A Case Study on Value-based Requirements Tracing. In: Proceedings of the 10th European software engineering (2005), S. 62.

Hilliard, R.: Views and Viewpoints in Software System Architecture, http://citeseerx.ist.psu.edu/viewdoc/summary?doi=10.1.1.28.3049, Abruf am 2010-05-15.

IEEE Std 1471-2000: IEEE Recommended Practice for Architectural Description of Software-Intensive Systems-Description, S. 8.

Kotonya, G.,Sommerville, I.: Requirements Engineering with Viewpoints, Technical Report CSEG/10/1995, CSEG Computing Department, University of Lancaster, S. 7.

Kruchten, P.: In: IEEE Software 12 (6) November 1995, S. 42.

Kruchten, P.: Architectural Blueprints – The "4+1" View Model of Software Architecture. In: IEEE Software 12 (6) (1995), S. 43.

Leite, J.C.S.D et al.: The world's a stage: a survey on requirements engineering using a real-case study, S. 17.

Leite, J.C.S.D. et al: Viewpoints on Viewpoints, Joint Proceedings of the SIGSOFT'96 Workshops, The Association for Computing Machinery (ACM) 1996, S. 285.

Leite, J.; Freeman, P.: Requirements validation through viewpoint resolution. In: IEEE Transactions on software engineering, Vol. 17, Nr. 12 (1991), S.1253.

Leon, M.: Staying on Track. In: Intelligent Enterprise 2000, S. 54.

Maletic, I. et al.: An XML Based Approach to Support the Evolution of Model-to-Model Traceability Links. In: Automated Software Engineering (2005), S. 67.

Masak, D.: Der Architekturreview. Vorgehensweise, Konzepte und Praktiken, Springer-Verlag Berlin Heidelberg 2010, S. 168.

Mullery, G.: CORE - a method for controlled requirement specification. In: Proceeding of the 4th international conference on Software Engineering (1979), S. 129.

Narayanaswamy, K., Goldman, N.: "Lazy" Consistency: A Basis for Cooperative Software Development. In Proceedings of International Conference on Computer-Supported Cooperative Work (1992), S. 257.

Object Management Group: Unified Modelling Language Specifikation V.2.2., http://www.omg.org/spec/UML/2.2/Infrastructure/PDF/, Abruf am 2010-05-18.

Nuseibeh, B. et al: A framework for expressing the relationships between multiple views in requirements specifications, IEEE Transactions on Software Engineering, 20(10) 1994, S. 760-762.

Nuseibeh, B.: To Be and Not to Be: On Managing Inconsistency in Software Development. In: IWSSD'96, S. 164.

Ramesh, B.; Edwards, M.: Issues in the development of a requirements traceability mod el. In: Proceeding of the International Conference on Requirements Engineering (1993),S. 256.

Ramesh, B.; Jarke, M.: Toward Reference Models for Requirements Traceability. In: IEEE Transactions on Software Engineering, Vol. 27 (2001), S. 49-63.

Ravichandar, R. et al.: Pre-Requirement Specification Traceability: Bridging the Complexity Gap through Capabilities. In: TEFSE/GCT (2007), S. 1.

Rozanski, N.; Woods, E.: Applying Viewpoints and Views to Software Architecture, http://www.viewpoints-and-perspectives.info/doc/VPandV_WhitePaper.pdf, Abruf am 2010-05-15.

Scheckerman, J.: How to survive in the jungle of Enterprise Architecture Frameworks, Trafford, 6 Aufl. 2004, S. 86-135.

Sherba, S.A. et al.: A Framework for Mapping Traceability Relationships. In: Proceeding of the 2nd International Workshop on Traceability in Emerging Forms of Software Engineering (2003). http://www.soi. city.ac.uk/~gespan/paper5.pdf, Abruf am 2010-06-06.

Sommerville, I.: Software Engineering, 8. Aufl., Addison-Wesley Publishers Limited 2007, S. 175-261.

Song, X. et al.: Lessons Learned from Building a Web-Based Requirements Tracing System". In: Proceedings of International Conference on Requirements Engineering (1998), S. 43.

Sowa, J.; Zachman, J.: Extending and formalizing the framework for information sytems architecture. In: IBM Systems Journal, Vol. 31, No. 3 (1992),S. 594-595.

Spanoudakis, G. et al.: Rule-based Generation of Requirements Traceability Relations. In: The Journal of Systems and Software (2004), S. 112-116.

Spanoudakis, G.; Zisman A.: Software Traceability: A Roadmap. In: Advances in Software Engineering and Knowledge Engineering, Vol. 3 (2005), S. 15-395.

Steen, et al.: Supporting Viewpoint-Oriented Enterprise Architecture. Proc. 8th IEEE International Enterprise Distributed Object Computing Conference (EDOC'04), Monterey,California, September, S. 20.

Tang, A.; Han, J.: Architecture Razionalization: A Methodology for Architecture Verifiability, Traceability and Completeness. In: ECBS (2005), S. 135.

The Open Group (2009): TOGAF Version 9. The Open Group architecture framework. http://www.opengroup.org. Abruf am 2010-05-05.

The Open Group: The Open Group Architectural Framework (TOGAF), version 9, http://www.opengroup.org/architecture/togaf9-doc/arch/, Abruf am 2010-05-09.

The Zachman Framework™: The Official Concise Definition, http://www.zach-maninternational.com/index.php/the-zachman-framework, Abruf am 2010-05-10.

Trompeter, J. et al.: Modellgetriebene Softwareentwicklung, Software & Support Verlag GmbH, 2007, S. 56.

Van den Berg, M.; Steenberge, M.: Building an Enterprise Architecture Practice. Tool, Tips, Best Practices, Springer 2006, S. 48.

Wikipedia: Der Begriff von Metamodell, http://de.wikipedia.org/wiki/Metamodell, Abruf am 2010-05-14.

Wright, S.: Requirements Traceability –What? Why? And How? In: IEE Colloqium, Computing and Control Division, Digest Number 1991/180, December 2, S. 1.

Zachmann, J.: http://www.zifa.com, Abruf am 2010-05-11.

Zachman, J.: A framework for information systems architecture. In: IBM System Journal, Vol. 26, No.3, S. 276.